한류의 뿌리

이 저서는 방일영문화재단의 2022년 하반기 저술·출판 지원을 받아 제작되었음.

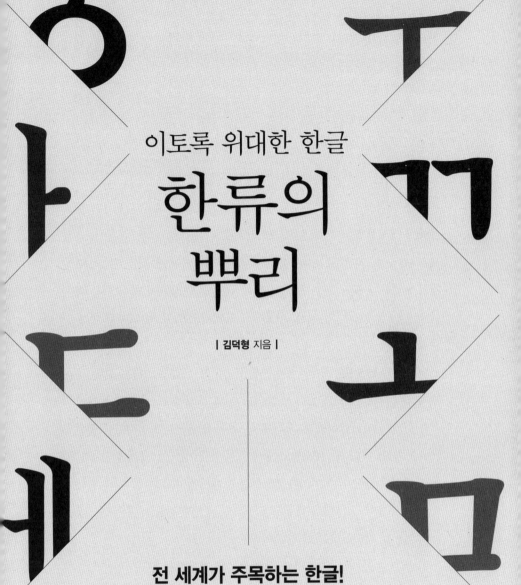

이토록 위대한 한글

한류의 뿌리

| 김덕형 지음 |

전 세계가 주목하는 한글!

한글이 고유의 문자로 자리 잡기까지
서재필, 정지용, 그리고 박경리 등
한글을 키운 21인의 뜨거운 삶

21세기북스

최근 한국의 유력 일간지는 '세종대왕님께 드리는 보고서'를 1면 톱 기사로 대서특필했다. 매우 이례적인 특보(《조선일보》2032년 12월 16일자 「세종대왕님 보고계신가요」)여서 깊은 감명을 주는 기사였다. 글로벌 무대에서 K팝을 앞세운 한류 문화와 한국 제품의 영향력이 커지면서, 덩달아 한글의 파급력이 세계 곳곳에서 크게 번져가고 있다는 유례 드문 쾌보였다.

손꼽히는 명품도, 굴지의 유럽 식당도, 유명 스포츠 스타도 한글 사용에 앞장서고 있다는 낭보다. 한글이 이제 세계 어느 곳에서나 자연스럽게 쓰이는 'K알파벳'의 자리에 등극한 것이다. 이용자가 5억 명에 달하는 언어 학습 앱 '듀오링고'에 따르면 한국어는 전 세계에서 다섯째로 인기가 많은 외국어이다. 또 구글 트렌드에 따르면 전 세계 인터넷 사용자들이 구글에서 한글로 검색하는 총량은 최근 5년 동안 3배나 늘어났다. 엄청난 K문화 충격이다.

이 책의 본문에서 밝힌 바와 같이 K문화 전문가들은 "한국어가 한류를 타고 세계의 소통 언어로 진화하고 있다"고 진단하고 있다. 한글 연구에 심취한 해외 학자들은 "한글은 IT 시대에 걸맞은 더 큰 잠재력을 지니고 있다"고 설파하고 있다. 1960년 에드윈 라이샤워 하버드대학 교수에 이어 1964년 프리츠 포스 라이덴대학 교수는 "한국인들은 세계에서 가장 훌륭한 알파벳을 발명했다"고 격찬했다.

이처럼 한글은 이미 창제 때부터 그 원리가 과학적이고, 그 조직이 오묘할 뿐 아니라 변화무쌍한 우리말을 마음대로 표현할 수 있고, 어떤 나라 말의 발음이든지 거의 완벽에 가깝게 표현할 수 있었다. 이와 같은 문자는 세계 문자사상 달리 찾아볼 수 없음이 입증되고 있으니 한글은 이미 오늘날 세계 도처로 널리 부상하고 있는 한류의 뿌리로, 태생적으로 자리매김한 셈이다.

구한말 미국 선교사로 한국에 온 호머 헐버트는 훈민정음에 배열한 글자들이 음성학의 법칙을 완벽할 정도로 정확하게 따른 놀라운 사실에 탄복하였다. 그는 문자의 단순성과 소리 표현 방식의 일관성에서 한글과 견줄 문자는 세계 어디에도 없다고 역설했다. 헐버트는 한글 띄어쓰기, 쉼표, 마침표 등 맞춤법을 처음 사용하고 한글 개혁에 기여했다. 그의 주장은 그의 뒤를 이은 주시경에 이어지고, 그 후 주시경의 제자들이 한글 맞춤법 통일안과 외래어 표기법 통일안을 완성하였다.

같은 시기 독립협회를 중심으로 독립개화운동을 펼쳐온 선구자 서재필은 최초의 우리말 신문인《독립신문》을 창간하여 한글 사용 계몽에 앞장섰다. 이어 주시경의 직계 제자로서《조선일보》편집인으로 문

자보급운동에 앞장섰던 장지영은 일제 말 조선어학회에 연루되어 옥
고를 치르기도 했다. 그 뒤를 이은 이윤재는 한글 체계화의 초석을 다
진 한글학자로 일제가 조작한 조선어학회사건 당시 옥중 작고한 위인
이며, 최현배, 이희승과 이인(변호사)도 조선어학회사건에 연루돼 그들
의 온갖 박해에 맨몸으로 항거해 이겨낸 '자랑스러운 한글투사'로 길
이 기억해야 할 인물들이다.

　그리고 한용운은 한글의 아름다움을 전파한 민족시인이며, 최남선
은 개화기의 우리 잡지와 신체시를 개척한 선구자, 염상섭은 저항문학
과 민족 정서를 일깨운 선구 문인이다.

　한국 최고의 문호로 꼽히는 김동인은 우리 문체 혁신에 공헌한 위
인이다. 김동인은 춘원 이광수의 소설에서도 글 속에 '이러자, 이니라,
하도다, 이로다' 등으로 써온 구한말식 구문체를,《창조》동인지를 내
면서 '이다, 이었다, 한다' 등 오늘의 우리가 사용하는 현대의 문체로
고쳐 쓴 '한글 선구자'이다.

　형제들과 독립투쟁에 앞장섰던 항일 저항시인 이상화, 민족을 대변
한 세계적 종교사상가 함석헌, 현대시의 위상을 끌어올린 정지용, 서
정시의 깊이를 더한 민족시인 김소월, 한글을 사랑한 애국 언론인 홍
종인, 감방에서 조국을 빛낸 순국시인 이육사,《사상계》창간으로 언

론 문화를 선도한 장준하, 『토지』 집필로 치열한 작가정신을 보여준 박경리까지 모두 한글 키우기에 생애를 쏟아부은 '한글 인맥'으로 기려질 것이다.

끝으로 어려운 역경 속에서도 언론인과 학자들의 저술 지원 사업을 연면히 이어오고 있는 방일영문화재단과 필자의 책을 내는 데 함께 힘써준 21세기북스 양으녕 기획팀장과 노재은 팀원에게 깊은 사의를 표한다.

2024년 2월 김덕형

차례

1장

한글의 기원과 진화

01

한류의 뿌리는 한글이다

한류의 물결이 5대양 6대주에 굽이치고 있다. BTS(방탄소년단)의 K
팝에서 중화학 무기 수출의 K방산에 이르기까지 각양각색 다양한 한
류의 힘으로 표출되고 있다. 한류의 바탕을 이루는 K콘텐츠는 세계
적 권위를 지닌 차트와 시상식을 석권하고, 산업적으로도 가전제품과
디스플레이 패널을 뛰어넘는 우리의 핵심 품목으로 부상했다. 코로나
팬데믹 이래 저성장의 위기에 직면한 한국이 문화적으로 거대한 가치
를 창출할 모처럼의 탈출구를 마련한 셈이다.

《뉴욕타임스》는 2022년 11월 「강남스타일」 공연 10주년을 주제로
싸이와 나눈 인터뷰에서 K팝을 "동아시아 및 동남아 시장에서 확장
돼 세계 구석구석으로 스며든 '문화의 초대형 거물(Cultural Juggernaut)'"
이라고 표현했다. 불가항력적 매력을 가지고 있다는 뜻이다. 한국국제
교류재단은 2021년 말 기준 한류 팬은 116개국에 걸쳐 1억 5660만 명

에 이른다고 조사 결과를 발표했다.

이어 한국문화교류진흥원이 발간한 『2022 글로벌 한류 트렌드』는 한류 팬덤이 더욱 탄탄해지고 있음을 보여주고 있다. 그동안 상대적으로 한류의 인기가 낮았던 미국, 영국, 호주 등에서 한류가 더 대중화됐다. 과거 한류에 관심이 적었던 40대 이상 남녀와 10대 남성의 한류 콘텐츠 이용자가 늘어난 것도 고무적이다. 또 이들 한류 팬들은 단지 K콘텐츠를 소비하는 데 그치지 않고 직접 한국을 방문해 곳곳을 누비는 한국 애호자의 모습을 보여주고 있다. 전 세계의 아미들이 BTS의 발자취를 찾아 서울로 몰려들고 있다. 아미(ARMY)는 '청춘을 위한 사랑스런 대표자(Adorable Represenatative M.C. for Youth)'라는 뜻의 BTS 팬 군단이다. 서울관광재단이 추린 '서울방탄투어' 지도 10선을 따라가 보면 강남의 카페 '휴가'와 유정식당, 종로의 경복궁과 환기미술관, 용산의 국립중앙박물관과 중구의 서울로7017, 마포의 월드컵대교, 광진의 아차산, 한강공원, 서울숲(성동구) 등 서울의 명소 곳곳이 망라돼 있다.

이러한 K 선풍은 2012년 9월 싸이의 「강남스타일」이 한국 가수로는 처음으로 빌보드 메인차트 순위에 오른 데서 파급된 것으로 보인다. 이후 Korea를 의미하는 K시리즈로 K팝, K드라마, K뷰티, K푸드에서 K방산에 이르기까지 광범하게 파급되는 추세다. 미국 순위조사 전문매체 《US뉴스앤드월드리포트》가 매년 발표하는 '최고의 국가' 순위에서 한국은 10개 세부 지표 중 '국력(Power)' 부문에서 6위를 차지했다. 세계 85개국 1만 7000명을 대상으로 한 조사에서 2022년 12월 31일 발표한 순위에 따르면 한국은 경제·군사·외교·대중문화 등의 힘을 포괄한 국력 순위에서 2021년(8위)보다 두 계단 상승했다. 2021년

6위였던 일본이 한국과 자리를 바꿔 8위로 내려갔다. 이 기구는 한국이 식민지배, 6·25전쟁, 군부독재 등의 굴곡을 겪었음에도 경제협력개발기구(OECD) 개발원조위원회 기금의 첫 수혜자에서 기금 기부자로 변모했다고 진단했다. 1960년대부터 꾸준한 경제성장을 거듭해 현재 세계 최대 경제대국 중 하나가 됐으며, 삼성·현대·기아 같은 대기업을 보유했다고도 언급했다.

국력 부문의 1위는 미국이 차지했다. 이어 중국, 러시아, 독일, 영국이 5위 안에 들었다. 이러한 한국 국력의 눈부신 신장 추세에 걸맞게 한국이란 브랜드는 요즘 상한가를 치고 있다. 한글이 대표적이다. K 팝과 드라마 등 한국 콘텐츠가 전 세계적으로 사랑을 받고 있으며, 한국어가 인기 있는 언어가 됐다고 미국 CNN방송이 보도했다. CNN은 글로벌 언어 학습 애플리케이션인 '듀오링고' 조사 결과 한국어가 2022년에 이 앱에서 일곱째로 많이 학습된 언어라고 전했다. 듀오링고 앱 이용자는 5억 명가량으로 영어 이용자가 가장 많았다. 이어 스페인어, 프랑스어, 독일어, 일본어, 이탈리아어 순이었다. 한국어는 7위에 올랐으며 중국어와 러시아어, 인도어가 10위권에 들었다. 한국어는 특히 서아시아와 동남아에서 큰 인기를 끌었다. 필리핀과 브루나이 등 4국에서 가장 많이 학습된 외국어 1위에 올랐고, 태국·인도네시아·파키스탄에서도 최상위권에 들었다. CNN은 한국어가 언어 특성상 배우기 까다로운데도 인기가 올라간 것은 주목할 만한 현상이라고 전했다. CNN은 이 같은 현상이 한류 때문이라고 분석했다.

전문가는 "한국어가 한류를 타고 세계의 소통 언어로 진화하고 있다"고 진단한다. 예전에는 해외에서 교포 중심으로 소비되는 언어였다면, 요즘에는 한류 영향으로 배우는 외국인이 늘고 있다는 설명이다. 한글 연구에 심취한 해외 학자들은 "한글은 IT 시대에 걸맞은 더 큰 잠재력을 지니고 있다"고 설파하고 있다. 독일인 한글 연구자인 알브레히트 후베 전 본대학 한국학 교수는 "한글은 음양오행의 철학과 과학성을 두루 갖추고 있는 세계에서 유일무이한 문자"라며 "IT의 연결을 통해 디지털 시대의 다양한 학술 영역에서 무궁무진한 발전 가능성을 찾아낼 수 있다"고 극찬했다. 그는 2017년 학술간담회에서 "디지털 시대에 한글의 확장성을 재조명할 필요가 있다"고 주장했다. 한글의 28개 자음과 모음을 조합해 컴퓨터에 구현할 수 있는 음절은 약 400억 개. 이를 제대로 연구하지 않으면 한글은 제대로 잠재력을 발휘하지 못한다는 것이다.

또 일본의 언어학자 노마 히데키는 "한글의 탄생은 세계 문자사의 기적"이라고 했다. 그는 한글이 창제 당시인 15세기에 이미 현대 언어학의 수준에 도달한 과학적인 문자라고 풀이했다. 현대 언어학에서 주목받는 '음소(音素, 의미를 구별하는 소리의 최소 단위)' 개념에 이미 도달했다는 이유에서다. 그는 "ㄱ(기역)과 ㅋ(키읔)을 지금 보면 너무 당연하고 타당한 모양이지만 무에서 유를 창조하는 시작 단계에서는 그렇지 않다"며 "기역과 키읔을 발음하는 기관의 형태는 같지만 숨이 거세게 나오느냐 아니냐에 따라 소리가 달라진다는 사실을 정확히 인지하고 문자 형태에 반영한 것은 20세기 언어학 수준이라 할 수 있다"고 했다.

또 영국의 《이코노미스트》는 디지털 시대에 맞춰 등장한 한국의 웹툰이 일본의 망가를 밀어내고 있다고 분석했다. 2021년 일본의 망가 시장은 2650억 엔(19억 달러)으로 2.3% 줄어든 반면, 한국이 주도하는 글로벌 웹툰 시장은 이미 37억 달러에 달하고 2030년에는 500억 달러로 성장할 것으로 전망했다. 그리고 BTS가 등장하면서 세계 음악 시장 1위인 미국을 비롯해 영국과 프랑스 등 아시아 시장 밖 문이 본격적으로 열리기 시작했다. 2013년 한국 음반 수출액은 약 2736만 달러였지만 BTS 활동 10년과 함께 8배 넘는 성장을 이루며 2022년 2억 3100만 달러를 훌쩍 넘겼다.

이들을 향한 수식어도 달라졌다. 과거 미국《빌보드》,《뉴욕타임스》등 외신들은 'J팝과의 차이점'을 들며 K팝이 무엇인지를 서술하는 데 주력했다. 이제 한국 문화 콘텐츠는 '거대한 힘(Juggernaut)'으로 통한다. (《조선일보》, 2023년 6월 13일)

2019년 영국 BBC는 BTS가 런던 웸블리 스타디움에서 연 단독 공연 후 "BTS가 역사를 만들었다"고 보도했다. 전설적 그룹 비틀스의 나라이자 밴드 퀸의 무대였던 곳에서 약 6만여 BTS 팬이 한국어로 떼창하는 모습을 지켜본 뒤 내린 진단이었다.

《뉴욕타임스》는 "수년 전만 해도 미국인들은 K팝이라고 하면 싸이「강남스타일」만 떠올렸지만, 이제 BTS와 스트레이 키즈 등이 미 음악 차트에서 수시로 1위를 하는 시대"라며 관련 뮤지컬이 나와도 놀랍지 않다고 했다.
K팝의 가사와 대사는 대부분 영어이지만 극 흐름을 이해하는 데 방해가 되지 않을 수준에서 한국어 대사와 가사도 빈번하게 등장한다. "선생님, 안녕하세요", "왜 나는 쉬면 안 돼?", "우리 결혼하자" 같은 한국어 대사가 들릴 때마다 미국인 관객 일부는 알아듣는 듯 웃으며 손뼉을 쳤고, 어떤 이들은 어리둥절한 표정을 짓기도 했다. 뮤지컬 넘버 중에는 '한국놈',

'시간낭비', '엎드려' 같은 한국어를 그대로 음차해 붙인 제목도 있다. 또 서울 잠원동과 홍대 앞 등 K팝의 메카들이 배경으로 등장, '여기가 뉴욕 맞나' 싶을 정도였다. (《조선일보》, 2022년 11월 22일)

K팝 뮤지컬을 작곡해 '브로드웨이의 첫 아시아계 여성 작곡가'가 된 한국계 헬렌 박(37)은 기자회견에서 "영화 〈기생충〉을 보고 언어장벽을 넘어설 수 있다는 용기를 얻었다"며 "한국적인 것을 당당하게 표현하면 다른 문화권 사람들도 우리를 이해할 수 있다고 생각했다"고 말했다.

문화강국임을 자부하는 프랑스에서도 'K드라마 자막 없이 보자'는 한국어 열풍이 불고 있다. 파리 세종학당에 몰려든 20대에서 60대까지 수강생들이 한국어 연공에 매진하고 있다고 현지 한국 특파원이 전하고 있다.

'도끼'와 '토끼' 중 어떤 발음이 맞을까요?
토끼요!

프랑스 파리 8구의 세종학당. 초급 한국어 수강생 약 20명이 한국어 공부에 한창이었다. 한 수강생은 헷갈릴 수 있는 '기역, 쌍기역, 키읔' 발음을 세심하게 구분해서 적었다. 다른 수강생은 그림까지 그려가며 열중했다.

주프랑스 한국어교육원, 교육부 등에 따르면 프랑스에서 올해 한국어능력시험 토픽 신청자는 996명에 달했다. 1년 전보다 약 28% 늘었다. 프랑

스어 토픽 지원자 수는 서유럽 국가 중 가장 많다. 대부분의 수강생은 K

팝 가사를 막힘없이 외우고, K드라마를 자막 없이 보기 위해 한국어를

배운다고 했다. (《동아일보》, 2023년 9월 19일)

02

한글을 창제한
세종과 그 이후

1446년 훈민정음(訓民正音)이라는 우리글(한글)을 세종대왕이 창제하면서, 우리 문화를 떳떳이 기록하고 전할 수 있는 문화혁명의 시기로 접어들었다. 『월인석보』 1권 책머리에 '훈민정음은 백성을 가르치는 바른 소리'라고 설명하고 있다.

이처럼 한글은 세계의 수많은 글자 중에 만든 이와 만든 시기가 알려져 있는 유일한 문화재이다. 세계의 언어학자들은 한글을 가장 독창적이고 과학적인 문자로 꼽고 있다. 한글은 배우기 쉽고 쓰기 편하다. 단 24개의 자음과 모음을 합성하여 만들어낼 수 있는 글자 수가 1만 1172개에 달해, 정보화 시대에도 걸맞은 우수 문자이다.

조선왕조 이전에는 삼국시대부터 이두(吏讀)와 구결(口訣)을 써왔다. 구결은 본래 한문의 구절구절을 따는 데 쓰기 위한 보조적 편법에 지나지 않았다. 이두도 한자의 음과 훈을 따내어 자연스럽지 못하게 우리말을 표기해온 것이다.

　말을 자유자재로 글로 표현할 수 없는 불편한 생활에서 헤어나기 위해서는 배우기 쉽고 쓰기 편한 글자가 절실히 필요했다. 고려 말의 혼란기를 넘어서서 조선왕조의 국기(國基)를 다진 후 안정기로 접어들었을 때, 세종은 새로운 글자를 만들기로 결심하였다. 이 시기 훈민정음이 창제된 것은 통일적인 국어의 성립과 자유스런 구어 표기의 요청이 합쳐져서 이룩된 것이다.

　조선왕조의 건국을 계기로 민족의식이 한 단계 성숙되고, 특권 계급의 몰락으로 공민층이 확대되어 계층 간의 등질성이 높아진 사회발전의 추세에 따라 자연스럽게 대중문자의 필요성이 높아졌다. 다시 말해 조선왕조 개창이 사회혁명이라면 훈민정음 창제는 사회혁명에 필연적으로 뒤따른 문화혁명을 뜻한다. (『다시 찾는 우리 역사』, 한영우)

　훈민정음 창제의 취지에 관해서는 1443년(세종 25)에 세종이 손수 저술한 『훈민정음』「예의」편에 잘 나타나 있다. 첫째 국어는 중국말과 다르므로 한자를 가지고는 잘 표기할 수 없으며, 둘째 우리의 고유한 글자가 없어서 문자 생활에 불편이 매우 심하고, 셋째 이런 뜻에서 새로 글자를 만들었으니 일상생활에 편하게 쓰라는 것이다.

　우리글 창제가 세종조에 이루어진 것은 당시 집현전 학자들이 동양의 전통을 폭넓게 연구하는 가운데 중국, 몽고, 일본, 여진 등 이웃 민족의 언어와 문자에 대한 이해가 깊어져서 우리말의 구조적 특성을 더욱 명확하게 알게 되었다는 것과, 성리학에 대한 이해가 깊어지면서 음양오행의 원리를 문자 조직에 적용할 안목을 갖게 되었다는 것, 그리고 출판문화의 발달에 힘입어 서적이 대량생산됨에 따라 백성들의 이해능력을 키울 필요성이 절실해졌다는 사실 등을 생각할 수 있다. (『다시 찾는 우리 역사』)

세종은 집현전 학자 정인지, 성삼문, 박팽년, 최항, 신숙주, 이개 등의 도움을 받았다. 『훈민정음』「해례」에 의하면 훈민정음의 문자 모양은 발음기관과 삼재(三才, 天·地·人)의 모습을 닮고, 문자 조직은 주역(周易) 철학의 원리를 응용한 것으로 되어 있다. 훈민정음은 이와 같은 철학적 기초 위에서 만들어져 그 원리가 과학적이고 그 조직이 오묘할 뿐 아니라, 변화무쌍한 우리말을 마음대로 표현할 수 있고, 어떤 나라 말의 발음이든지 거의 원형에 가깝게 표현할 수 있다. 이와 같은 특성을 가진 글자는 세계 문자사상 달리 찾아볼 수 없다고 한다.

훈민정음은 당시 다른 글자, 즉 범자(梵字)·몽고·만주·일본 글자보다 월등하게 뛰어난 것이었다. 글자의 응용이 묘하여 표현되지 않는 소리가 거의 없고, 글자의 됨됨이가 간이하여 웬만한 사람이면 하루아침에 깨칠 수 있었다.

정인지는 『훈민정음』의 끝부분에서 찬 바람 소리, 학 우는 소리, 닭이 울고 개 짖는 소리를 모두 표기할 수 있다고 경탄하였다.

성현은 『용재총화』에서 "우리나라와 다른 나라의 소리도 모두 표기, 통하게 되었다"고 했고, 이수광도 『지봉유설』에서 "언문이 나와서 모든 나라 소리가 통하지 않음이 없게 되었으니, 성인이 아니고서는 해낼 수가 없는 것이다"라고 했다.

유희도 『언문지(諺文誌)』에서 한자와 비교했다.

"한자는 육의(六義)로 만들어져, 그 꼴이 산만해서 만상(萬象)을 추리

할 수 없으나, 언문은 초·중·종 삼성이 정연히 나열되어 짜임이 정연하다"고 풀이했다.

주일미국대사를 지낸 라이샤워 하버드대학 교수도 조선왕조 초기 가장 주목할 만한 업적으로 훈민정음의 창제를 꼽았다.

이 시기의 가장 주목할 만한 지적 업적은 한자의 한국어 발음을 나타내고, 한국의 고유한 언어를 표기하기 위한 뛰어난 수준의 표음문자 체계를 발명한 일이었다. 오늘날 한글이란 이름으로 불리는 이 문자체계는, 세종의 직접적 지도하에 1443년에 집현전 학자들에 의해 개발되었다. 한글은 아마도 세계의 상용 문자 가운데서 가장 과학적인 문자체계일 것이다. … 한글 체계는 개개의 글자들을 음절 단위로 다발 지어 묶음으로써, 알파벳 문자의 장점과 음절문자(예컨대 한자)의 이점을 모두 아우를 수 있었다. (『동양문화사』, 라이샤워 등 공저)

이처럼 1960년대부터 세계 학계는 한글의 과학성에 주목하고 한글 연구에 관심을 쏟고 있다. 1960년 라이샤워 교수에 이어 1964년에는 네덜란드 라이덴대학의 프리츠 포스 교수가 한국 언어와 문자의 역사를 다룬 논문에서 "한국인들은 세계에서 가장 훌륭한 알파벳을 발명했다"고 격찬했다. 이어 시카고대학의 매콜리 교수가 1966년 미국 언어학회지에 "포스의 최상급 표현은 옳다"고 동의를 표했다. 또 1985년에는 영국 리즈대학 제프리 샘슨 교수가 인류의 문자체계를 분류하면서 한글이 기존의 어떤 분류 체계에도 속하지 않는 독창성을 지니고 있다는 점에 주목했다. 그는 특히 'ㄷㅌㄸ'처럼 기본 글자에 획을 더하거나 같은 글자를 반복해서 '음소'의 성격을 나타내는 방식은 다른 문자체계에서 찾을 수 없다고 지적했다.

2000년대에 이르면 한글 창제 과정이나 음운 이론 등 역사성과 과학성을 함께 살피는 외국 학자들의 연구가 늘어난다. 독일 함부르크대학의 베르너 사세 교수는 "서양에서 20세기 들어서 완성된 음운 이론을 세종대왕은 그보다 5세기나 앞서 체계화했고, 한글은 전통 철학과 과학 이론이 결합한 최고의 문자"라고 극찬했다(《조선일보》, 2019년 12월 5일).

그러나 훈민정음은 창제 과정에서 수난을 겪기도 했다. 최만리 등 수구파 문신들은 훈민정음 제정에 정면으로 반기를 들었다. 그들의 명분은 유교입국의 국시에 비추어 훈민정음의 보급이 유교의 보급을 막지 않겠느냐는 것이었다. 그것은 척불(斥佛)론과 상통하는 유교 지상주의였다. 이와 같은 사대 사조를 등에 업은 거센 반발을 물리치고, 세종은 끝내 훈민정음을 창제했다. 최만리 등을 의금부에 명해 처벌까지 했다.

특히 연산군 때는 훈민정음의 수난기였다. 1504년 갑자사화 때는 한글을 사용하는 사람을 밀고했고, 개인 소장의 한글 서적을 불태우기도 했다. 훈민정음은 그 후 시대에 따라 여러 가지 명칭으로 불렸다. 언문, 정음, 반절(半切), 국문, 한글 등등이다. 언문이란 명칭은 한문자에 대해 우리 글자를 총칭한 것이었으며, 언해·언서·언자나 암클·중글 등은 모두 우리글을 천시한 사대주의의 산물이다.

최세진의 『훈몽자회』에 나오는 반절이란 것은 원래 중국에서 한자의 음을 표기하기 위해 쓰던 것으로, 중국의 것과 구별하기 위해 언문반절이라고 했다. 갑오경장 이후 한때 국문이라 불리다가 주시경이 처음 한글이라고 불렀다. 최현배 설에 의하면 한글의 '한'은 나라(한국)·

한겨레(韓族)의 한이요, 큰·하나·바른의 뜻이다.

훈민정음은 훌륭한 글자이지만, 실제로는 한문 사용을 보조하는 기능에 머물렀다. 수천 년간 한문과 한자를 써오는 과정에서 주요한 지식체계가 한문으로 이루어져 있고, 우리 말 어휘 속에는 한문 성어(成語)가 이미 깊이 침투하여 한글만으로는 의사전달이 충분하지 못했기 때문이다.

한글은 간단하고 한국어를 표기하는 데 거의 완벽한 체계이지만, 처음에는 한문 원전을 해설하거나 고유한 노래와 시들을 적는 데만 사용되었다. 결국 그것은 대중적으로 소모된 이야기들이나 여자와 기타 교육을 거의 받지 못한 사람들 사이의 서신을 적는 것 같은 하찮은 목적으로 사용하게 되었으며, 중요한 학술 업적이나 정부의 문서 등은 모두 한자로 계속 씌어졌고, 교육받은 계급들은 한글을 경시하였다. (『동양문화사』)

창제된 훈민정음은 크게 네 부문으로 이용되었다. 첫째, 한문으로 쓰인 중요 서적을 국문으로 풀이하여 백성들에게 널리 읽히도록 보급하는 데 이용되었다. 세종은 「용비어천가」를 지어 훈민정음을 시험하고 이를 널리 써서 여러 책을 짓게 했다. 세조 때에는 불경의 번역이 더욱 왕성해서 이 책들은 오늘날까지 남아 있으며, 국어국문의 역사적 연구에 귀중한 자료가 되고 있다. 16세기에는 사서(四書)를 비롯한 유교 경전과 과학기술 서적들도 많이 번역·출간되었다. 둘째, 행정 실무를 맡은 서리들이 훈민정음을 익히게 하여 한문을 모르는 백성들에게 국가시책을 이해시키는 데 힘쓰게 했다. 셋째, 훈민정음은 문학 창작 활동에 많이 이용되었다. 한문 지식이 풍부한 학자들도 시가와 산문을 국문으로 쓰는 경우가 많이 생겨나고, 한자에 무식한 평민이나 부녀자들도 창작 활동이 가능해졌다. 이리하여 국문 창작 활동을 우리말로 더욱 세련되고 발전시킬 수 있는 큰 계기를 만들었다.

훈민정음 창작이 가져온 또 하나의 공헌은 한자의 발음을 우리 현실에 맞게 바로잡는 계기가 되었다는 것이다. 『동국정운(東國正韻)』과 『홍무정운역해(洪武正韻譯解)』는 그러한 노력의 결과로 나타난 음운서다. 『동국정운』 서문에는 우리나라의 풍토와 기후가 중국과 달라 정운이 서로 같을 수 없다는 구체적 입장이 분명하게 표현되어 있다. (『다시 찾는 우리 역사』)

이처럼 『훈민정음』이 나오자 조선의 언어생활은 크게 변화했다. 남성은 한문, 여성은 언문이라는 흔한 상식은 명백한 오류다. 남녀 모두 한글부터 익히고, 이를 바탕 삼아 한문을 공부했다. 장지연 교수(대전대학교 역사문화학과)의 연구 성과다.

언어의 힘은 강력했다. 답답한 감정을 토로할 때에는 남성 엘리트들도 언문을 사용했으며, 반대로 여성은 언문을 이용해 상소 등 공적 의사를 표현했다. 우리말로 심오한 진리와 절실한 감정을 자유롭게 전할 수 있을 때 문명은 비로소 성숙해진다. (『한문이 말하지 못한 한국사』)

이런 과정을 거쳐 1897년 이봉운의 『국문정리』가 나왔고, 1905년 지석영이 「신정국문(新訂國文)」을 공포, 1907년 학부에 국문연구소가 설치됐고, 1909년 최초의 문법서인 유길준의 『대한문전』이 나왔다. 3·1만세운동 이후 신학문의 발전과 더불어 국어학이 성립됐다. 주시경의 후계자를 중심으로 조선어학회(한글학회)가 창립되어 기관지《한글》을 발간했고, 맞춤법의 통일, 표준말의 사정(査定), 사전의 편찬 등 사업이 진행됐다. 당시 국어 연구자들은 훈민정음 반포 480주년인 1926년 10월 9일에 '가갸날'을 제정 기념했다. 이듬해에 기관지《한글》이 창간되면서 그 이름이 '한글날'로 바뀐 것이다.

일제 말 군국 식민정책이 강화되자 우리말과 한글의 사용을 못 하게 했고, 1942년 10월 이른바 조선어학회사건을 조작하여 많은 한글학자가 옥고를 치르기도 했다. 처음에는 정태진을 조선어를 사용한 함흥학생사건의 증인으로 부르더니, 이윤재·최현배·이희승·정인승·이병기·이인·이은상 등을 검거했다. 증인으로 끌려간 이들은 경찰서 유치장에서 온갖 고문과 악형을 받았고, 치안유지법 위반죄라는 것으로 기소됐다. 마침내 조선어학회는 해산됐다.

1945년 8·15해방과 함께 한글도 해방됐다. 그러나 해방공간에서 좌우의 사상 다툼으로 학계는 정상 궤도에 오르지 못했고, 일부 완고한 학자들의 고집은 문법의 혼란을 가져왔으며, 한글전용법 등으로 말썽을 빚어왔다. 6·25전쟁 이후 신진학자들의 출현과 함께 국어학계도 어느 정도 정비되어 국어국문학회가 창립되었고, 한글학회는 1947년부터 시작된 『큰사전』 6권을 10년 만인 1957년에 모두 간행했다. 그러다가 한글 간소화 파동을 겪었다. 1953년 4월 27일 각부 장관·처장·도지사에게 구식 맞춤법으로 돌아가라는 국무총리 훈령 제8호가 내려지자, 언론계·교육계·학계·한글학회 등에서 즉각 반대하고 나섰다. 이듬해 3월 29일 이승만 대통령은 '맞춤법은 이제부터 석 달 안에 구식 성경 철자법대로 고치라'는 담화를 발표, 더욱 맹렬한 반대를 가져왔다. 이 파동은 결국 1955년 9월 이 대통령의 한글 간소화 취소 담화로 매듭지어졌다.

한글의 현대적 가치는 각 민족의 모든 글자가 특권 계급의 글자에서 차차 보편화된 데 비해 처음부터 일반 민중을 위해 만들어진 글자라는 점에 있다. 한글의 우수성을 말하는 사람은 우선 표음문자임을 자랑한다. 세계 문자의 발달 과정을 보면, 표음문자의 발달이 앞서 있다. 중국의 한자는 수만 개의 글자로 되어 있어 배우기 어렵고 쓰기도 불편하다.

그러나 한글은 아직 몇 가지 해결해야 할 문제점을 지니고 있다. 한글 전용에 나타나는 문제점, 풀어쓰기의 문제, 간소화 문제 등이 그것이다. 500여 년 전 훈민정음을 만들 때의 정신으로 되돌아가, 중지에 의해 이런 문제들이 해결될 때 한글은 더욱 빛날 수 있을 것이다.

03

한글을 거듭나게 한
헐버트

호머 헐버트(Homer Hulbert)는 1886년 조선 최초의 근대식 관리학교인 육영공원 교사로 초빙되어 온 미국인 선교사이다. 그는 전 국민이 배우기 어렵고 쓰기 불편한 한자를 버리고 한글 전용을 주창한, 한국인보다 더 한글을 사랑한 선구자로 추앙받고 있다. 이처럼 조선의 혼을 일깨운 헐버트의 책 서문에서 김종택 한글학회 이사장은 헐버트의 정열적인 '한글 편력'을 적절하게 알려주고 있다(『헐버트 조선의 혼을 깨우다』, 김동진 옮김).

헐버트는 한국어가 우랄알타이어족에 속하고, 의태어와 의성어가 무수히 많으며, 황홀하리만큼 동사가 최상으로 발달하여 대중 연설 언어로 영어보다 우수하다고 지적했다. 그는 또 "문자의 단순성과 소리를 표현하는 방식의 일관성에서 한글과 견줄 문자는 발견하지 못했다"고 극찬했다. 한국인들은 누구나 한글을 쉽게 배울 수 있으며, 한글을 배운 지 4일이면 한글로 쓰인 책도 읽을 수 있다고 했다.

헐버트는 한자 학습에만 매달린 한국의 상류층을 질타하였다. "영국인들이 라틴어를 버린 것처럼 한국인들도 한자를 버려야 한다"고 한 그의 주장처럼 현재 우리는 한글 전용을 정착시켜 편리한 문화생활을 하고 있다.

헐버트는 육영공원 교사로서 1891년 최초의 한글 교과서인 『〈민필지』를 저술하여 조선인들이 세계 사정을 알 수 있게 배려하였다. 이 책 서문에서 그는 한글이 한자보다 훨씬 소중하고 필요한데도, 조선인들이 한글을 업신여기고 있음을 통탄했다.

그는 『훈민정음』에 배열한 글자들이 음성학의 법칙을 완벽할 정도로 정확하게 따랐음을 밝혀내었다. 문자의 단순성과 소리 표현방식의 일관성에서 한글과 견줄 문자는 세계 어디에도 없다고 역설하였다. 이러한 연구는 헐버트 박사가 당대 최고 수준의 언어학자였기에 가능했다.

헐버트는 우리나라 최초의 국어정책기관인 국어연구소 창립에 공헌하고 한글 띄어쓰기, 쉼표, 마침표 등 맞춤법을 처음 사용하여 한글 개혁에 기여하였다. 맞춤법을 배우기는 조금 힘들어도 맞춤법을 통해 더해지는 시각적 요소는 문장 자체를 더 풍부하게 하면서 그림의 색깔과 같은 역할을 한다고 했다. 그의 주장은 그의 뒤를 이은 주시경에 이어지고, 그 후 주시경의 제자들이 한글 맞춤법 통일안과 외래어 표기법 통일안을 완성하였다.

잠시 거슬러 헐버트의 생애를 펼쳐보면 그는 1868년 1월 26일 미국 버먼트주 뉴헤이븐 시에서 목사이자 미들베리대학 총장이었던 부친 캘빈 헐버트와 다트머스대학 창립자 후손인 모친 메리 우드워드 사이

에 차남으로 태어났다. 이어 다트머스대학을 졸업하고, 유니온신학대
학을 수료한 후 1886년에 내한하여 육영공원 교사가 되며, 1888년 뉴
욕에서 메리 한나와 결혼한다.

1893년 감리교 선교사로 다시 내한하여 감리교 배재학당 교사와 삼
문출판사 책임자가 되면서, 언어학에 남다른 재능을 지닌 주시경 학생
에게 서양 학문을 가르치고 우리말과 글을 함께 연구한다. 1895년 명
성황후 시해사건 직후에는 언더우드, 에머슨 등과 함께 고종의 침전에
서 불침번을 서 고종을 친일파로부터 보호한다.

이듬해 한민족의 혼이 담긴 「아리랑」을 최초로 서양식 악보로 채보
하며, 《독립신문》 창간 시 서재필을 도와 자문하며, 시설과 인력 지원
을 한다. 1900년 관립중학교(현 경기고등학교) 교관이 되며, 이듬해 영문
월간지 《한국평론》을 창간한다. 1906년에는 헤이그만국평화회의 고
종황제의 특사로 임명되어 헤이그 평화클럽에서 일본의 불법성을 폭
로한다.

그는 일본의 박해로 1907년 미국으로 돌아가 미국 선억을 돌며 강
연과 언론 회견을 통해 한국의 독립을 호소한다. 1919년 파리강화회
의 기간 중에는 파리를 방문하여 대한민국 임시정부의 독립청원서를
제출한 김규식 박사를 만나고, 각국에 한국의 독립을 호소한다. 미국
에 돌아와서는 미국 상원 외교관계위원회에 한국의 독립을 호소하는
청원서를 제출하여 미국 의회 기록에 청원서를 남긴다. 뒤이어 1945년
까지 서재필이 이끄는 미국의 한인 독립단체 한국친우동맹, 이승만이
이끄는 구미구락부에서 중심 연사로 활동한다.

헐버트는 한국의 역사와 문화에 매료되어 한민족의 진수를 한국인
보다 짙게 음미한 '미국계 한국인'이다. 그는 '교육만이 살길이다'라는

신념 아래 근대 한국 교육의 초석을 놓았으며, 한글을 통한 교육 확장만이 한민족의 문명 진화를 이룰 수 있다면서 줄곧 한글 사용을 외쳤다.

평생 「아리랑」 채보를 비롯한 한국 문화 연구와 한국 독립운동에 헌신한 헐버트는 1949년 광복절에 이승만 대통령의 국빈 초청으로 8·15 광복절 행사에 참석하기 위해 40년 만에 내한했다. 그러나 내한 1주일 만에 청량리 위생병원에서 서거하여 광복절 단상에는 서보지도 못하고 사회장으로 영결식 후 한강변 양화진에 안장되었다. 방한 때 그는 "나는 웨스트민스터사원에 묻히는 것보다 한국 땅에 묻히길 원한다"는 말을 남겼다. 헐버트는 외국인 최초로 건국공로훈장 태극장에 추서됐으며, 외국인 최초로 '이달의 독립운동가'에 오르기도 했다. 다음은 그가 남긴 다양한 저서 목록이다.

『ᄉ민필지』, 『줌마의 기적』, 『시베리아 금광을 찾아』, 『대동기년(大東紀年)』, 『한국어와 드라비다어의 비교 연구』, 『한국사』, 『대한력ᄉ』, 『대한제국멸망사』, 『일본의 불법성』, 『헐버트 교과서 시리즈』, 『엄지 마법사』, 『안개 속의 얼굴』, 『미라 신부』(희곡), 『공놀이』(희곡), 『해독제』(희곡), 『증거 서류』(희곡), 『헐버트 회고록』, 『헐버트 문서』, 『헐버트 비망록』

2장

한글을 키운 사람들

01

송재 서재필

읽기 쉬운 최초의 국문 신문을 펴내다

송재(松齋) 서재필(徐載弼)은 독립협회 활동을 주도하고 《독립신문》
을 만들어 독립개화운동을 펼친 한국 최초의 개화기 박사 학위 소지
자이다. 그는 유길준 등 갑오경장을 추진한 개화파 인사들을 통해 정
부 지원으로 1896년 한국 최초의 민간신문인 《독립신문》을 창간한 선
각자이다. 《독립신문》은 일반 국민에 널리 읽히기 위해 순한글로 펴냈
다. 그러다가 뒤이어 1896년 7월 독립협회가 창립된 이후에는 독립협
회, 특히 서양의 시민 사상에 영향을 받은 신지식층의 견해를 대변하
는 신문으로서 큰 계몽적 역할을 하였다. 순한글로 주 3회(나중에는 일
간) 발간된 이 신문은 평이한 문체로 많은 독자층을 확보하고 지방에
까지 지사가 설치되었다.

신문의 논조는 주로 서구의 자유, 민주, 평등 사상과 일본의 신문명을 찬

양하고, 유교 문화와 중국을 야만시하는 것으로 채워졌다.《독립신문》
이 표방하는 '독립'은 청나라로부터의 독립을 의미하였다. (『다시 찾는 우리
역사』, 한영우)

《독립신문》은 창간 사설에서 발행 취지를 이렇게 밝히고 있다.

우리는 첫째 편벽되지 아니한 고로 무슨 당에도 상관이 없고, 상하귀천
을 달리 대접 아니하고 모두 조선 사람으로만 알고 조선만 위하며 공평
히 인민에게 말할 터인데, 우리가 서울 백성만 위할 게 아니라 조선 전국
국민을 위하여 무슨 일이든지 대언하여 주려 함.
정부에서 하시는 일을 백성에게 전할 터이요, 백성의 정세를 정부에 전
할 터이니, 만일 백성이 정부 일을 지세히 알고 성부에서 백성의 일을 자
세히 아시면 피차에 유익한 일반이 있을 터이요, 불편한 마음과 의심하
는 생각이 없어질 터이옴.

1884년 김옥균, 박영효 등과 갑신정변을 일으킨 주역의 한 사람이
었던 서재필이 '삼일천하'로 끝나고 만 정변의 실패로 미국으로 망명하
였다가, 13년 만에 귀국한 것이다. 그동안 그는 미국 생활 속에서 언론
의 자유를 심취해오던 것을 고국에 와서 실현하게 된 것이다. 서재필
의 창간 사설은 이렇게 이어지고 있다.

우리가 이 신문을 출판하기는 취리(取利)하려는 게 아닌 고로 값을 헐하
도록 하였고, 모두 언문으로 쓰기는 남녀 상하귀천이 모두 보게 함이요,
또 구절을 떼어 쓰기는 알아보기 쉽도록 함이라. 우리는 바른대로만 신

문을 할 터인 고로, 정부 관원이라도 잘못하는 이 있으면 우리가 말할 터이요, 탐관오리들을 알면 세상에 그 사람의 행적을 밝힐 터이요, 사사 백성이라도 무법한 일 하는 사람은 우리가 찾아 신문에 설명할 터이옴.

창간호에 실린 그의 다른 논설은 국문 사용을 더욱 역설하고 있다.

우리 신문이 한문은 아니 쓰고 다만 국문으로만 쓰는 것은 상하귀천이 다 보게 함이라. 또 국문을 이렇게 구절을 떼어 쓴즉 아무라도 이 신문 보기가 쉽고, 신문 속에 있는 말을 자세히 알아보게 함이라. … 조선 국문하고 한문하고 비교해보면 조선 국문이 한문보다 얼마나 나은 것이 무엇인고 하니, 첫째로 배우기가 쉬우니 좋은 글이요, 둘째로 이 글이 조선글이니 조선 인민들이 백사를 한문 대신 국문으로 써야 상하귀천이 모두 보고 알아보기가 쉬울 터이라. 한문만 늘 써 버릇하고 국문은 폐한 까닭에 국문만 쓴 글은 조선 인민이 잘 알아보지 못하고 한문을 잘 알아보니 그게 어찌 한심치 아니하리오.

서재필은 1866년 10월 28일 전남 보성군 문덕면 가천리에서 보성군수 서광언(徐光彦)의 차남으로 태어났다. 그의 고향은 충남 논산이나 이처럼 부친의 관직 생활에 따라 이곳에서 태어난 것이다. 8·15광복 2년 후 귀국한 서재필을 만나 그의 자서전을 집필한 사학자 김도태는 그 후기에 다음과 같이 쓰고 있다.

그가 처음 미국에 갔을 때 자기 혼자뿐, 말도 모르고 풍속이 다른 남의 나라에서 자기의 진로를 개척하려던 그 고독, 그 참담한 생활은 우리가 상상해보아도 뼈가 저릴 만하다. 그는 남에게 의뢰하는 것, 즉 남의 힘을 빌리는 것을 여간 미워하지 않으신다. 그가 미국에 계시는 동안에 우리 동포들이 여러 가지로 노동이며 상업 혹은 공업 등 실업에 종사하는 것을 많이 보았거니와 그중에는 독립운동이니 무슨 사업이니 한다면서 자기는 자기 힘으로 아무것도 생활의 길을 힘쓰지 않고 순연히 남이 벌어놓은 것을 빼앗아 먹고 지내가는 것을 보고는 아무리 국가나 민족을 위한다고 떠드나 그 실은 비양심적 인물에 지나지 않는다고 하셨다. 과연 박사는 자신의 노력으로 학문도 배웠고 병원도 경영했고 문방구도 열어놓았고 독립운동에는 자기 손으로 벌어놓았던 전 재산을 바치고 나중에는 다시 병원을 설치하여 80여 세의 고령이시면서도 자기 손으로 환자를 치료해주시다가 이번 귀국하실 때에 잠그고 오셨지마는, 만일 다시 미국으로 가시게 된다면 그 병원을 또다시 자기 손으로 경영하실 방침이시라니 그 얼마나 진실하신가.

서재필 등이 주도한 독립협회가 청국에 의뢰하는 사대당을 몰아내고 청의 간섭을 받지 않는 자주독립국가의 상징으로, 중국 사신을 맞던 서울 서대문구 무악재 안의 영은문을 허물고 세운 독립문은 파리에 있는 개선문을 본떠 만든 것이다.

서재필은 7세 때 상경하여 판서의 지위에 있는 당시의 세도가 김성근의 집에서 공부한다. 그는 김성근과 친척이면서 자주 집에 놀러 오는 개화파의 거두 김옥균을 만나며, 또 그의 아저씨뻘 되는 서광범도 김옥균과 매우 친한 사이여서 이들과의 빈번한 접촉으로 개화사상에 젖게 된다.

13세 때 서재필은 그처럼 어린 나이로 당당히 장원급제하여 왕을 비롯한 주위의 칭찬을 듬뿍 받으며 특히 그를 아껴준 김옥균을 따라 봉원사라는 절을 찾는다. 그곳에서 그는 이동원이라는 스님을 만나 세계 사정을 듣고 유럽이나 일본의 개화 소식을 접한다.

개화사상에 불타게 된 김옥균은 민비에게 동해의 고래잡이를 건의하여 스스로 포경사가 되며, 이를 기회로 서재필 등 젊은 청년 61명을 일본으로 유학시킨다. 서재필은 도쿄 도야마 육군사관학교에 들어가 신식 군사교육을 받으며, 임오군란도 일본에서 맞는다. 1년간의 수업을 마치고 귀국하는데, 고종은 서재필 일행을 맞아 크게 기뻐한다.

서재필은 서울에도 장교를 양성할 사관학교를 세울 것을 고종에게 건의하여 승낙을 받으나, 남별궁(지금의 조선호텔 자리)에 머물던 청의 주차관 원세개와 그에 아부하는 대신들의 반대로 이 계획은 좌절되고 만다. 이리하여 김옥균·박영효·서재필 등 개화파는 일본의 힘을 빌려 수구파를 제거할 공작을 꾸민다. 1884년 갑신정변에 최연소자로 뛰어든 서재필은 병조판서 겸 정령관(正領官)의 직책을 맡는데, 당시 그 활동상은 그의 자서전에 잘 나와 있다.

경우궁에 임금을 옮겨 모시고… 임금께서는 겁에 질려 빨리 이곳에서 친히 일어나 침전문 밖을 나섰다. 왕비도 따라나섰다. 김옥균은 급속히 나를 불러 임금 옆에 경호를 부탁했다. 그때는 6일 오후 1시, 위안스카이(원세개), 장광기엔의 군사 약 800명은 고함을 치며 선언문으로 들어오는데, 그 우익 일부대는 관물헌 정면의 송림으로 들어오고, 좌익의 일부대는 낙선재의 남쪽을 돌아서 좌우로 관물헌 본전을 협격하려는 태세였다. … 그러나 이쪽의 병수는 전역병까지 합하여 약 50명, 일본 병사가 15인 가량인 소수의 병력을 가지고 1500명이나 되는 청병과 항거한다는 것은 숫자상으로 이미 승부가 판정된 일이다. 그런 데다가 한 사람 두 사람씩 도망하여 도리어 청병에 가담해버리는 자가 있어 우리 파의 기세가 시시각각으로 불리하게 되었다. 날은 이미 황혼인데 아직도 사방에서 들려오는 총소리는 끊일 줄을 모른다. 나는 부하들과 같이 총에 칼을 꽂아가지고 최후로 몇 놈씩 죽이고 죽으려 했더니 김옥균이 그것은 쓸데없는 죽음이다, 우리가 다시 일어날 기회를 기다리자 하여 그것을 중지했다.

갑신정변에 실패한 김옥균, 서재필 등은 인천으로 피신하여 일본 기선 천세환을 타고 일본으로 망명한다. 그 후 역적으로 몰린 서재필 집안은 사실상 몰락하게 된다. 형 재춘은 음독자살하며, 동생 재창은 종로에서 형졸의 칼에 맞아 죽고, 부인 김씨는 시부모를 따라 자결하며, 두 살 먹은 어린 아들까지도 돌보는 이가 없어 굶어 죽게 된다. 서재필은 일본을 거쳐 미국으로 건너가 낯선 지역에서 처음에 무척 고생도 했다.

영어를 모르기 때문에 직업을 구하기 퍽이나 곤란했다. 나는 매일같이 이 집 저 집 이 가게 저 가게로 직업을 구하러 돌아다녀 보았다. 말도 모르고 배우지 못한 이국 사람인 나를 맞아줄 사람을 쉽게 만날 수가 없었다. 그러나 천행으로 가구점 주인을 만나게 되었다. 그는 나를 아래위로 훑어보더니 '그럼 자네 이거나 돌려보게' 하며 광고지 몇 장을 내어 보인다. 밥상이며 의자, 침대, 거울 등을 그린 염가 발매한다는 광고지였다.
(『서재필 박사 자서전』)

이후 서재필은 샌프란시스코에 정착하여 메이슨가 어느 장로교 교회에서 영어 공부를 하며, 이곳에서 사귄 친구의 집에서 만난 실업가 홀렌벡의 소개로 해리힐맨 고등학교에 입학하여 본격적으로 서구 학문을 배운다. 고등학교 졸업 후 라파예트대학에 입학하나 돈이 없어 2년 만에 학업을 일단 중단하고 육군 군의 사령부에서 의학 서적을 번역하는 일을 하면서 의학에 관심을 가지게 된 그는 다시 조지워싱턴대학(의과대학)에 입학한다. 3년 후 대학을 졸업하고 가필드 병원에 근무하는 한편, 모교 워싱턴대학에서 교편을 잡으며 당시 유명한 학자 월터 리드 박사와 함께 세균학도 연구한다.

생활 기반이 잡힌 서재필은 1895년 미국 철도 우편제도의 창시자인 명문 조지 암스트롱 대령의 차녀와 재혼하며, 이때부터 미국에 귀화하여 이름도 필립 제이슨이라고 짓는다. 여기에서 두 딸을 얻는데 맏딸 스테파나는 일찍 출가하여 작고했고, 차녀 무리엘은 필라델피아 교외 메디아에 살고 있었다. 따라서 현재 국내에는 서재필의 직계 후손이 없다.

1896년 1월 미국에서 귀국한 서재필은 정부의 중추원 고문이 되어, 서울 정동에 있는 선교사 아펜젤러의 집에 머문다. 이어 개화운동을 벌여온 유길준을 만나 내무대신의 힘으로 5000원을 지원받는다. 독립을 위해서는 민중을 계몽하는 신문이 있어야 한다는 결심으로 오사카에 인쇄기를 주문하고 이해 4월 7일 우리나라 최초의 민간지 《독립신문》을 창간하며, 한국 언론계는 현재 이날을 '신문의 날'로 지정해 기리고 있다.

영국 왕립 지리학회 회원인 이사벨라 버드 비숍 여사는 견문기 『한국과 그 이웃 나라들』에 《독립신문》에 대해 소상히 적고 있다.

서울의 가장 중요한 사건들 중의 하나는 1896년 4월 제이슨(서재필) 박사에 의해 주도된 《독립신문》의 창간이다. 이는 2페이지의 신문이며 1주일에 세 번 간행하는데 영문판과 국문판으로 구성돼 있다. 이 신문은 그 분량이 1897년 초기에 4페이지로 늘어나며 영문판과 국문판이 분리되어 간행되었다. … 《독립신문》은 권력의 남용을 고발해서 이를 만천하에 알리는 기능을 수행하는 데 있어 중요한 역할을 하고 있다. 또한 《독립신문》은 합리적인 교육과 이성적인 개혁에 대한 국민들의 열망을 창출해내고 있다. 그래서 이 신문은 탐관오리에게 있어서는 하나의 공포가 되고 있다. 제이슨(서재필) 박사는 미국에서 교육받은 한국의 신사이며 그는 진심으로 조국의 복지를 바라고 있다.

비숍 여사는 언문으로 쓰인 신문을 팔에 끼고 거리를 지나는 신문팔이들, 가게에서 신문을 읽고 있는 사람들의 풍경에서 1897년 한국에서의 참신한 체험을 얻게 되었다고 토로하고 있다.

또 프레더릭 매켄지는 『자유를 위한 한국의 투쟁』에서 이렇게 밝히고 있다.

이 조그마한 신문은 수도와 인접지뿐만 아니라 전국적으로 퍼져갔다. 신문은 다만 구독자만이 읽는 것이 아니라 읽은 다음에는 이웃 동네 사람들에게 돌려보내서 한 장의 신문이 200부의 독자를 가졌다. 당시의 민중들은 아직 경제력이 부족할뿐더러 먼 지방에서는 교통 시설이 없었기 때문이다.

이해 1896년 7월 정부의 친미 친러 고급 관료들은 서재필을 고문으로 추대하고 독립협회를 결성하였다. 이 단체는 서대문 밖의 영은문을 허물고 모화관을 개조하여 그 자리에 독립문과 독립관을 세우기 위한 모금운동을 벌였다. 이후 독립협회는 이듬해 8월 대한제국이 성립하면서 윤치호, 이상재, 남궁억 그리고 학생 시민들이 참여하면서 점차 계몽단체로 바뀌고, 1898년 2월부터는 정치단체로 변모되어갔다. 그 결과 회원도 약 4000명으로 불어났다.

독립협회 활동이 절정에 이른 것은 1898년 10월 종로 광장에서 만민공동회가 열린 때였다. 박정양 등 정부의 대신들은 물론 지식인 학생, 상인, 여성, 승려, 백정에 이르기까지 각계각층의 시민들이 모인 군중집회에서는 건의문을 채택하여 황제에게 올리기로 결의하였다. 이 건의문은 전제군주제를 입헌군주제로 바꿀 것을 담은 획기적인 것이었다. 고종은 이 건의문을 받아들여 시행할 것을 약속하고, 중추원을 의회로 개편하기 위해 중추원 의원(50명)의 절반을 독립협회 회원 중에서 뽑고, 나머지 절반은 관선으로 할 것을 제정·공포하였다.

그러나 이 보고는 보수파인 조병식의 무고로 무산되고 말았다. 독립협회가 황제를 폐위하고 공화국을 건설하여 대통령에 박정양, 부통령에 윤치호, 그리고 각부 장관을 독립협회 회원이 차지한다는 보고가 황제에게 전달되었다. 황제 폐위에 놀란 고종은 이상재 등 독립협회 간부 17명을 구속하고, 독립협회 혁파를 명령하여 조병식 등 보수세력을 등용하였다.

이런 소용돌이에서 서재필은 1898년 5월 두 번째 미국행 망명을 한다. 그 후 미국 교민들을 통해 독립운동을 벌이면서 펜실베이니아에서 병원을 개업하던 중 3·1운동 소식을 접하고는 병원을 뛰쳐나와 한인 친구회를 조직하며, 사재 7만 6000달러를 내놓고 조국 광복운동에 동분서주한다.

서재필은 1947년 7월 50년 만에 미군정청 하지 사령관의 고문으로 귀국하나, 미국 시민권을 가진 자가 정치할 수 없다면서 정부 수립의 뒷바라지에만 헌신하다 대한민국 정부가 수립되는 것을 보고 다시 미국으로 돌아간다.

직계는 없다고 하나 일제강점기에 그분과 편지 내왕만 있다고 해도 주목을 받았지요. 천연동 집의 조카 찬석 씨와 편지 내왕이 있었지요. 저는 정부 수립 후 도미 유학했을 때 그분을 찾아뵈었지요. 오전 중에는 꼭 한국 신문을 읽으시고 오후 2시부터 2시간 환자를 보시더군요. 그때 80 노인 아닙니까? 뭘 하러 노후에도 병원을 하시느냐니까 죽을 때까지 남의 신세를 지고 싶지 않고 또 의사로 봉사하다 가고 싶다고 하셔요.
갈 때마다 돈 50달러를 주시면서 공부 잘해서 인류에 봉시히 리고 타이르셔요. 처음에는 거절했더니 기대지 않는 태도 참 좋다면서 용돈으로 쓰라고 하셔요. 그러면서 자기가 동네 유지라면서 아무리 미국 사회라도 자기만 열심히 하면 인종차별하지 못한다고 말씀하셔요. 집 안에는 활, 창, 칼, 장롱, 재떨이, 담뱃대 등 한국 골동품들로 장식했더군요. (재종손 서명원 전 서울대학교 부총장의 말)

《조선일보》 기자, 《서울신문》 도쿄 특파원 등을 역임한 김을한 원로 언론인은 생전에 스스로 겪은 서재필 스토리를 이렇게 전했다.

해방 후 환국한 서재필 박사를 접했을 때 그의 풍모는 한마디로 참된 신사의 면모를 갖춘 청렴하신 분이었다. 당시 하지 장군의 최고 고문이라면 얼마든지 집권할 수 있는 기회였는데도 그분은 끝내 자문에만 그쳤지 정치에는 손대지 않았다. 이권을 부탁할까 봐 우려했던 탓인지 친척들을 너무 멀리하여 저 사람은 우리 집안 사람이 아니라는 핀잔을 듣기도 했다. 후리후리한 키에 깡마른 모습이 마치 신선 같은 인상이었는데, 이처럼 그분은 물욕, 권리욕을 멀리한 것이다. 그분은 한국인은 대인관계에서 단결심이 부족하다고 개탄하면서 독립 자유를 이 땅에 심기 위해 민족성을 개조해야 한다고 역설했다.

이승만 박사와는 감정이 별로 좋지 않으면서도 서재필 박사는 공과 사를 명백히 구분했으니, 미국으로 돌아가실 때 열 살이나 아래인 후배 이 박사를 개인으로서가 아니라 국가 원수로서 만나러 간다고 예방한 것은, 참말 민주 시민으로서 본받을 만한 태도이다. 신문인으로서도 그분은 최고, 최대의 영예를 받아야 할 분인데, 그분께서 집필한 《독립신문》 창간사는 지금 글에도 손색이 없으리만큼 좋은 취지를 담고 있다.

한힌샘 주시경

한글의 대중화에 힘썼던 '주보따리' 선생

　서울 광화문 한글가온길에는 한복을 입고 보따리를 든 사람이 새겨진 기둥이 있다. 일제강점기 우리말과 글을 지키고 키우는 데 앞장선 주시경 조형물이다.

　한힌샘(白泉) 주시경(周時經)은 독립협회 회원으로 국문동식회(國文同式會), 국어강습회 등을 열어 한글을 현대화하고 국어와 국문에 관한 지식을 널리 보급한 구국 선각자이다. 그는 1876년 12월 23일 황해도 봉산군 쌍신면 무릉골에서 가난한 선비 주학원(周鶴苑)의 6남매 중 차남으로 태어났으며, 중종 때 최초의 서원인 백운동서원을 세운 주세붕의 12대손이다.

　주시경의 후계자 김윤경은 생전에 그에게서 직접 들은 이야기를 『주시경 선생 전기』(한글학회, 1960년)에 이렇게 적고 있다.

선생이 잉태될 때 선생의 어머니 꿈에 백발 노승이 연적을 주면서 '남편이 연적을 찾으니 이를 주라' 했는데 이때부터 태기가 있어 무릉골 자그마한 초가에서 선생을 낳으신 것이다. … 형제들이 연년생임과, 집이 가난함과 젖이 넉넉지 못함과, 낳던 다음 해에 큰 흉년이었던 때문에 그 작은 양도 채우지 못하여 몇 번인가 기절한 일도 있었으며, 그 어머니와 누님이 도라지를 뜯어다가 죽을 쑤어서 어린 형제들의 나이 차이로 분배했다 한다.

주시경은 6세 때부터 집에서 한문을 배우며, 13세 때 백부 학만(鶴晚)의 양자로 상경하여 글방에 다니며 한문 공부를 계속하다가 19세 때 신학문에 접하게 된다. 당시 조선의 교육은 한문과 유학 중심이었다. 주시경은 소리 나는 대로 적을 수 있는 우리글을 놔두고 뜻도 이해하기 어려운 남의 나라 문자(한자)를 배워야 하는 것이 불만이었다.

19세 되던 해 9월에 주시경은 머리를 깎고 배재학당에 들어간다. 당시 그의 집은 남대문로 상동교회 옆 남창동 작은 초가였다. 너무 가난하기 때문에 공부하는 여가에는 배재학당 인쇄소 잡역을 하면서 신학문을 배웠다.

그러면서 주시경은 학생 신분으로 개화운동에 나서 1896년 배재학당 안에 조직된 진보적 학생 단체인 협성회의 일(전적 및 월보 찬술원)이나《독립신문》일에 몰두하며, 이듬해 독립협회 회원이 된다.

1896년《독립신문》창간을 준비하던 서재필이 누구든 쉽게 읽을 수 있는 신문을 만들자고 하는 뜻에 따라 "우리말을 소리 나는 대로 쓰고 띄어쓰기를 잘하면 됩니다"라고 응답한다. 21세 때 김명훈과 결혼하며, 배재의 은사인 서재필이 주동이 된 독립신문사의 회계 겸 교보원

(校補員)의 일로 생계를 꾸려나간다. 그는 또 독립신문사 안에 국문동식회(國文同式會)를 설립하여 개화운동 중에서도 언어와 문자, 문체에 각별한 관심을 쏟는데, 우리글(훈민정음)을 창제한 세종대왕, 중종 때 이를 개량한 최세진에 이어 우리글을 현대화시킨 인물이다. 국문동식회는 이름에서도 알 수 있듯이, 그 모임의 목표는 국문의 동식(同式), 다시 말하면 '한국어 표기법의 표준화'였다. 한국어 문법을 제대로 정리한, 근대 한국 최초의 국문법 연구단체였다. 당시 주시경의 활약을 김윤경은 이렇게 전하고 있다.

> 23세 되던 9월에 만국지지과(萬國地志科)를 졸업하게 되었다. 선생이 지지학 교사 서재필 박사에게 총애를 받음도 이때부터였다. 그리하여 그 뒤 서재필 박사가 선생을 독립신문사 회계 겸 교보원으로 뽑아 쓴 것이다. … 일이 있는 시간 밖에는 다 사생활에 쓸 수 있으므로 선생은 이러한 여유 시간을 한글 연구에 바쳤다. 그 인쇄소에서 박아내는 《협성회보》나 《독립신문》이 다 순한글로 박게 되었고, 선생이 다 이를 교정했던 것이다. 재학 당시부터 한글 연구를 위하여 국문동식회를 조직하고 문서나 책자를 박을 때에는 순한글로 하기를 권장했다. (『주시경 선생 전기』)

그 자신의 기록(『주시경 선생 유고』)에 의하면 이 무렵 헐버트 박사의 저서 영문 『만국지지(萬國地誌)』를 학습하면서 영문의 모음과 자음을 알게 되고, 그 지식으로 국문을 생각하게 된 것이 그의 눈을 뜨게 했다. 19세 때 배재학당에 입학하던 해에 'ㆍ'가 'ㅣ'와 'ㅡ'의 합음이라는 그의 학설을 세웠다고 한다. 이 학설은 그의 연구 중 국어사의 가장 중요한 것으로 지석영도 『대한국문설(大韓國文說)』에서 이를 채택하였다.

이기문 교수(서울대학교 국문학과)에 의하면 주시경이 '·'의 원가음(原價音)에 관심을 가진 것은 이 문자가 'ㅏ'와 같지 않음을 증명함으로써 그것이 현대국어의 표기에 불필요함을 보이려 했던 것이다. 실제로 주시경은 자신의 저술에서 이 문자를 쓰지 않고 있다.

그의 이력서에는 23세 때 배재학당의 만국지지 특별반을 졸업하고 25세에 보통과를 졸업했다고 간략하게 기재돼 있으나, 사실상 이 동안은 눈코 뜰 새 없는 바쁜 나날이었음을 다음의 기록에서 엿볼 수 있다.

25세 되던 1900년 6월에 선생은 배재 보통과를 졸업하였다. 또 인천 이운(利運)학교에서 항해술을, 서울 수진동 흥아학교에서 측량술을, 이화학당의 영국인 의학박사에게 영어와 의학을 배웠고, 그 의학박사에게 선생은 한글을 가르쳐주었다. 또 외국어학교에서는 일어와 청어(淸語)의 강의를 수시로 들었다. 독학으로는 한글 연구, 그 밖에 식물학, 기계학, 종교학을 연구했다.

그리고 선생은 서울 안의 각 학교와 강습소, 외국인의 한어 연구소들의 교사로 분주했다. 또 인쇄 직공, 간호원, 학교 사무원, 협성회 간부 전적(典籍), 동회보 기자, 독립신문사 회계 겸 교보원, 동 신문사 총무, 독립협회 간부, 국문동식회와 만민공동회의 조직자 겸 지도자로 대단히 분주한 생활이었다. (『주시경 선생 전기』)

그 후 사회인으로서의 활동이 본격화되면서 그는 국어국문학을 연구하는 학자이자 교육자로서 탁월한 역량을 발휘해간다. 주시경을 사숙하여 국어학자가 된 이희승(전 서울대학교 문리대 학장)은 이렇게 말했다.

그분께서 국어 연구를 하게 된 동기는 배재학당에서 영어를 익히면서 문법을 배우니 우리 국어에도 문법이 필요하다고 절감하신 데서 비롯된 듯해요. 사실상 우리말 연구에 외국어 지식을 응용하신 최초의 학자라고 할 수 있지요.

마침 당시 지석영의 「신정국문」이란 국문 개량 건의가 정부에서 채택되어 학부 안에 국문연구소를 두게 되는데, 18명 내외의 연구위원 속에 당당히 끼어들게 되지요. 그때 22회에 걸친 연구 토론 기록이 있었는데, 그 후 서울대 이기문 교수가 없어졌던 12회분 기록을 일본 어느 도서관에서 복사해 왔다고 하더군요. 한일합병 후 국문연구소도 흐지부지 없어지고 임원들도 모두 흩어져버렸으나 주시경 위원만은 계속 연구를 하지요. 당시 서울 시내 사립학교가 6~7개교 있었는데 주 선생님은 조선어 과목을 빼놓지 않고 이 학교 저 학교로 다니면서 모든 것을 국문으로, 그것도 '새 철자법으로 쓰자'고 깨우쳤지요. 늘 큰 보따리에 유인물 등 교재들을 넣고 다니셔 '주보따리'라는 별명도 지니셨고… 제자들이 참 많지요. 그중 직계 제자로는 최현배, 김윤경, 장지영, 김두봉 등을 꼽을 수 있지요.

그 후 최남선이 광문회를 설립했을 때 주시경은 국어사전 편찬 업무를 맡아 힘쓰는데, 완성을 보지는 못하지만 우리나라 최초의 국어사전 편찬 사업이었다. 이때 저서로는 『국어문전음학』, 『한자 초습』, 『국문 초학』, 『국어문법』, 『말의 소리』 등이 있다.

당시 지금의 수송동 조계사 자리에 보성중학교가 있었는데, 주시경 선생님은 이곳의 교실을 빌려 국어강습회를 열고, 일요일이면 특강도 하셔 가르치셨는데, 저도 한두 번 들은 적이 있습니다. 하여튼 가르치시는 열의

가 참 인상적이었지요. 그때그때 새로운 주장을 하셔 평소에 늘 연구하시는 모습을 학생들이 보게 되어 누구나 감동을 받게 되었지요. 바로 길 하나 건너 교원양성소가 있어 외솔 등 그곳 학생들이 기숙사를 빠져나와 주 선생님의 가르침을 자주 받게 되고, 그 직계 제자로 한글 연구에 몰두하게 된 것이지요. (이희승)

주시경의 학문적 바탕은 역시 한글을 통한 민족 얼의 깨우침에 있었으니, 중국의 문호 양계초가 한국을 방문하여 광문회에 들렀을 때 그와 사귀어 접촉하면서 『안남망국사』를 얻어 보고, 우리나라가 일제에 지배되어감이 안남(베트남)과 비슷함을 깨달아 이를 순한글로 번역하여 당시 박문서관 주인 노익형으로 하여금 발간하게 한다(1908년).

주시경의 사상과 신념은 《보중 친목회보》 창간호(1910년 6월)에 잘 함축되어 있다.

말은 사람과 사람의 뜻을 통하는 것이라. 한 말을 쓰는 사람끼리는 그 뜻을 통하여 살기를 서로 도와주므로 그 사람들이 절로 한 덩이가 지고, 그 덩이가 점점 늘어 큰 덩이를 이루나니, 사람의 제일 큰 덩이는 나라라. 그러하므로 말은 나라를 이루는 것인데, 말이 오르면 나라도 오르고 말이 내리면 나라도 내리나니라. 이러하므로 나라마다 그 말을 힘쓰지 아니할 수 없는 바니라.

글은 말을 담는 그릇이니, 이지러짐이 없고 자리를 반듯하게 잡아 굳게 선 뒤에야 그 말을 잘 지키나니라. 글은 또한 말을 닦는 기계니, 기계를 먼저 닦은 뒤에야 말이 잘 닦아지나니라. … 그 나라 말과 그 나라 글은 그 나라, 곧 그 사람들이 무리진 덩이가 천연으로 이 땅덩이 위에 홀로 서는 나라가 됨이 특별한 빛이라. 이 빛을 밝히면 그 나라의 홀로 서는 일도 밝아지고, 이 빛을 어둡게 하면 그 나라의 홀로 서는 일도 어두워가나니라. 우리나라의 뜻있는 이들이여. 우리나라 말과 글을 다스리어주시기를 바라노라.

이러한 철학을 바탕으로 주시경은 오로지 한국어와 한글에 관한 일에 신명을 바쳤다.

주시경은 김명훈과 사이에 3남 2녀를 두었는데, 아들 중 장남 삼산과 차남 백산은 일찍이 작고했다. 맏딸 송산 씨는 이종우(홍익대 학장 역임) 화백과 결혼하였으며, 3남 왕산 씨는 《조선일보》 기자와 중앙중학교 교장을 역임했다.

왕산 씨는 일제강점기 때 《조선일보》 기자로 입사하여 방종현(서울대학교 문리대 학장 역임) 씨 등과 함께 《조선일보》 한글 맞춤법 통일안을 제정했으며, 그 후 신문이 폐간되면서 중앙중학교 국어 교사로 옮겨 줄곧 한글을 가르쳐 부친의 대를 이었다.

아버님께서 고생하시던 일기를 해방 후 출판하려고 수소문하다가 6·25전쟁을 맞았는데 9·28 서울 탈환 후 당시 서대문 인창고교 부근에 사시던 이희승 선생님이 아주 미안하게 되었다고 해요. 전쟁통에 불이 나 보관 중이시던 아버님 일기가 온통 불타버렸다는 얘기였지요. 아버님께서 북창동 집에 사실 무렵 그때 기록하셨던 것을 읽은 일이 기억나는데… 길보다 낮은 3평짜리 집에서 콩나물을 드시면서 연명하셨다는 것이지요. (왕산 씨)

가난 때문에 주시경은 39세 짧은 생애로 마감되어 1914년 7월 27일 열무김치로 점심을 먹던 중 체증으로 별세하여 경기도 고양군 신사리에 묻혔다가 1960년 한글학회에서 양주군 진접면 장현리로 이장한다.

생전에 국어학의 큰 스승으로 사숙해온 이희승 교수가 남긴 추모의 글을 옮긴다.

주시경 선생은 우리 국어를 근대 학술에 접근시키신 최초의 국어학자이다. 그분이 국어 연구에 얼마나 몰두하셨는지는 한 번 연구가 시작되면 거의 침식을 잊으셨으며, 길을 가시면서도 한창 생각에 몰두하다 전봇대에 머리를 부딪친 적이 여러 번 있었다는 에피소드로도 짐작할 수 있다. 나도 그분의 일요 특강을 1~2회 수강한 적이 있으나 그때의 인상은 한마디로 열강 그것이었다.

사실상 개인적으로는 그분을 사숙한 탓으로 국어학이라는 내 전공의 길을 밟았다고 할 수 있다. 대한제국 시대 공부하고 싶어 상경했다가 몇해 안 되어 집안이 가난하여 낙향해야 했던 나에게 주시경 선생께서 손수 등사하신 우리말 교재는 이상스런 충동과 흥미를 북돋아주는 것이었다. 당시 휘문의숙에 재학하던 일가 청년이 겨울방학에 가지고 온 것을 본 것인데, 그때 나도 이 방면의 공부를 해야겠다고 다짐하여 그 후 언어학 책을 닥치는 대로 사서 보게 되고, 국어학을 전공하게 된 것이다. 이처럼 주시경 선생은 국어 연구에 빼놓을 수 없는 학자이자 또 우리 전공학도에게 길을 열어주신 스승이다.

03

만해 한용운
한글의 아름다움을 전파한 독립투사 시인

'한국의 간디' 혹은 '한국의 타고르'라고도 시칭되는 만해(萬海) 한
용운(韓龍雲)은 3·1운동을 막후 지휘한 독립투사이며, 「님의 침묵」 등
의 작품으로 한국어의 아름다움을 발굴한 시성(詩聖)이다. 만해는
1879년 7월 12일 충남 홍성군 성곡리에서 충훈부도사 한응준(韓應俊)
의 차남으로 태어났다. 만해는 7세 때 『대학』을 읽으면서 정자(程子)의
주(註)를 가지고 선생과 논쟁을 벌일 만큼 뛰어난 신동인 데다 어릴 때
부터 의협심이 강한 용기 있는 소년으로 자라나는데, 그의 부친과 형
도 동학운동에 가담하고 의병을 일으킨 애국지사 집안이다.

18세 때 젊은 나이로 고향에서 학동을 가르치던 만해는 동학운동
에 가담하여 관헌들의 요시찰 대상이 되며, 그래서 피신 삼아 설악산
의 오세암에 들어가 불교와 인연을 맺는다. 1년 남짓 걸려 팔만대장경
을 독파한 그는 2년간 처가에서 칩거하다가 설악산 백담사에 들어가

머리를 깎고 중이 되는데, 이곳이 바로 '조국=님'에의 연(緣)을 읊은 「님의 침묵」의 집필 현장이기도 하다.

「님의 침묵」의 시인 한용운은 5편의 소설을 남긴 소설가이기도 하다. 그는 1935년부터 약 1년간 장편소설 『흑풍(黑風)』을 《조선일보》에 241회 연재하며 소설가로 데뷔했다. 『흑풍』은 선풍적인 인기를 끌어 신문 발행부수가 6000부 늘었고, 이 소설을 읽기 위해 《조선일보》를 본다는 말이 나올 정도였다. 이후 한용운은 「박명(薄明)」, 「죽음」, 「철혈미인」, 「후회」 등의 소설을 썼지만 「죽음」과 「철혈미인」은 발표하지 않고, 「후회」는 《조선중앙일보》에서 연재하다 이 신문이 1936년 폐간됨에 따라 50회로 중단됐다. 한용운은 시와 소설뿐 아니라 여러 분야에 걸쳐 두루 집필했다.

한용운은 소설뿐 아니라 논설 「조선청년에게」(1929년 1월 1일), 기행문 「명사십리」(1929년 8월 14~24일), 연작시 「심우장 산시」(1936년 4월 3~5일), 수필 「심우장 만필」(1936년 3월 19~20일) 등 거의 모든 장르의 글을 《조선일보》에 기고했다. 한용운은 1939년 11월 1일부터 1940년 8월 10일 《조선일보》가 폐간될 때까지 《조선일보》에 『삼국지』를 번역 연재했다. 아마도 이 시기 한용운은 웬만한 《조선일보》 기자보다 《조선일보》에 더 많은 글을 쓴 사람이었을 것이다.

이렇게 그가 《조선일보》와 깊은 인연을 맺은 것은 《조선일보》 사장 방응모와의 친분 때문이었다. 1930년대 후반 한용운은 방응모의 죽첨정(현 충정로) 집에서 조만식, 홍명희와 함께 어울렸다. (『조선일보 사람들』, 조선일보사 사료연구실, 2004년)

방응모의 손자 방일영은 이렇게 회고했다.

조만식 선생님이 서울에 올라와 계시면 저녁에 죽첨동 집에 홍명희, 한용운 씨 등이 오셨다. 으레 네 분께서는 술상을 놓고 밤늦도록 이런저런 말씀을 나누셨다. 막연한 기억으로는 한용운 씨가 아주 말씀을 잘하셨던 것으로 안다. 재담과 농담을 아주 잘하셨고, 그래서 좌중의 화제를 도맡다시피 하셨던 것은 분명히 기억된다. … '저 작은 체구에서 어떻게 저런 재담이 폭포처럼 쏟아져 나올 수 있을까' 하고 신기롭게 바라보곤 했다.

(『태평로1가』, 조선일보사)

서울 성북구 성북동 222의 1 산록에는 만해가 만년을 지낸 심우장(尋牛莊)이 아직껏 남아 있다. 이곳이 바로 만해가 일제 말 끝까지 독립 정신을 전파하던 심우장이다. 일제의 호적소차 거부하며 전시하 배급마저 받지 못해 빈한한 삶을 산 한용운에게 거처를 마련해준 이도 방응모였다. 다섯 살 위의 한용운을 선생님이라 깍듯이 받든 방응모는 1933년 벽산 스님과 박광 등 한용운의 지인들과 함께 심우장을 지어주었다. 이때 한용운은 "총독부와 마주하기 싫으니 집을 북향으로 지어달라"고 주문했다.

계초 방응모의 뜻으로 성북동 집에 들어가기 전 만해는 '잃어버린 나를 찾자'는 뜻의 심우장이란 현판을 마련했다. 성북동 뒷산 중턱에서 쏟아지는 북풍을 그대로 받고 선 이 집은 그때부터 계초가 자주 들러 만해와 바둑을 두는 곳이 됐다. 계초로서는 서울 입성의 첫 사업이 만해를 도운 일로 시작된 셈이었다. 한편 만해 역시 계초에 대한 정성이 말로 표현할 수 없을 정도였는데, 그는 계초가 헌사한 심우장에서 2년 뒤부터 연애소설 『흑풍』을 《조선일보》에 기고하기 시작함으로써 계초에 대한 감사를 표했다. 계초 역시 만해의 노년을 염려한 나머지 참한 여인을 소개해 결혼식까지 올려주었다. 만해가 결혼한 배경에는 계초의 인간적인 노력이 있었기에 가능했던 것이다. (『계초 방응모』, 이동욱)

만해는 두 번 결혼한다. 14세 때 결혼한 첫 부인 전전숙과 헤어지고서는 설악산 오세암으로 들어가 중이 된다. 만해는 55세 때 진성당병원의 간호원으로 근무하던 노처녀 유씨와 결혼하는데, 그 사이에 태어난 영숙 씨를 만난 적이 있다. 첫인상이 접근하기 어려우리만큼 조금 차갑게 느껴지는 영숙 씨가 차분히 말문을 열었다.

제가 아주 어렸던 시절이니 기억나는 것이 별로 있나요? 게다가 부친은 말이 없고 엄하셨으니까요. 글공부할 때나 접할 수 있었는데 한글, 한문, 수학, 일반상식 등을 모두 부친께 배웠지요. 그분의 일상생활은 새벽 5시면 일어나 좌선을 하시고, 늘 집에서 책을 읽고 집필하는 것으로 이어졌지요. 때때로 박광, 송만공 씨 등 벗들이 찾아오시면 얘기를 나누고, 음식은 주로 채식에다 생식을 하셨고 육식은 별로 안 하셨지요. 친구들과 환담하실 때 술은 잘 드셨고, 술에 취하셔서 한번은 귀가하다 개천에 빠진 적도 있지요. 담배는 안 피우셨고 틈이 나면 가끔 시내에도 나가셨는데, 하여간 조금 괴상하신 분이라고 생각되지요.

만해가 중이 된 정확한 연대는 1905년인데, 1908년에 하산하여 만주와 시베리아를 유람한 후 일본을 시찰하고 최린과 사귀어 뒷날

3·1운동 거사 때 협의하는 벗이 된다. 학비 조달의 길이 없어 6개월 만의 유학 생활에서 돌아온 그는 당시 중추원 원장 김윤식에게 승려 가취(嫁娶) 문제에 관한 진보적 건백서를 내는데 그 요지는 다음과 같다.

각국에서는 바야흐로 식민정책에 혈안이 되어 있는 판국에 한국 승려만이 구태의연할 필요가 없지 않은가. 억지로 장가들지 못하게 한들 이로울 것도 별로 없으니, 차라리 양성적으로 허락해서 인구를 증가케 하는 것이 교세 확장에 큰 도움이 될 것이다.

만해는 뒤이어 연해주·북만주로 망명하여 독립운동의 본거인 신흥무관학교 등을 참관하는데, 이때 산적에게 권총 사격을 받고도 구사일생으로 살아난다. 생전에 만해를 찾아 그 뜻을 익히던 제사 심관호(사법서사) 씨는 이렇게 말했다.

만해가 귀밑에 총알이 박혀 한때 혼수상태에 빠졌다고 해요. 간도병원에서 수술을 하는데 의사가 마취를 하려 하니 "나보고 또 죽으라는 것이냐"면서 "그대로 해라. 참을 테니"라고 호통쳐 사각사각 뼈를 긁어내는데도 선생님은 까딱 안 하셔 의사가 오히려 놀랐다고 해요. 그 의사는 치료비도 받지 않았다고 하는데, 불교의 참선 공부가 그렇게 강하게 만든 것이지요. 총을 맞고 쓰러졌을 때 하얀 옷을 입은 미인이 나타나 꽃을 쥐어주며 일어나라고 하여 깨어났는데, 아마 그 미인이 관음보살인 듯하다고 나중에 말씀하시더군요.

이듬해 귀국한 만해는 박한영 등 불교 지도자와 승려 궐기대회를 열고, 민족불교를 일본불교에 예속시키려는 음모를 부수고 마침내 승리한다.

1919년 3·1운동의 주역으로서 만해의 눈부신 공을 아무도 부인하지 못한다. 그는 천도교의 핵심 참모인 최린과 협의하여 거사 계획을 꾸려간다.

지금은 고인이 된 시인 조지훈 씨와 함께 그분 생전에 찾아가 들은 이야기인데, 처음 독립운동에 서명하겠다고 약속한 사람은 300명이 넘었다고 해요. 그런데 막상 서명날인을 받게 되니 모두 꽁무니를 빼어버려 결국 33인만이 서명한 것이지요. 당시 천도교가 교인 수도 가장 많고 재력도 풍부하여 최린 선생님과 미리 협의하여 의암 선생을 찾아가니 "월남 선생이 찍으면 찍고 안 찍으면 안 찍는다"고 하더래요. 그래 월남 선생님을 만나보니 그도 독립선언을 하지 말고 진정서나 내자고 하더래요. 천도교도들은 의암 선생님이 도장을 찍는 데 미온적 태도를 취하니, 할 수 없이 만해 선생님이 의암을 찾아가 "그래 당신이 겨우 월남과 비교되는 인물이요?" 하고 설득하니 승낙하면서 "조건이 있소. 나를 선두에 써주오" 하더래요.

계동 중앙학교에서 만해 선생님과 최린, 이승훈, 송진우, 현상윤 등이 모의했는데 모두 슬금슬금 빠져버리고 결국 만해 선생님은 남강 이승훈 선생님이 개인적으로 누구보다 강한 열렬한 독립운동가라고 꼽더군요. 「독립선언서」는 최린 씨가 '육당 최남선 씨가 글을 잘하니 지어보라고 했다'고 하며 그 글을 내놓았는데, 만해 선생이 보니 뜻에 안 맞고 또 육당이 '글은 지었으나 참가는 않겠다'고 하여 채택하기를 거부하다가 시간도 없고 하여 약간 수정하고 그 뒤에 공약 3장만 덧붙인 것이지요.

김관호 씨의 말이다.

3·1독립선언 뒤 만해는 왜경에 끌려갈 때 이른바 '옥중투쟁 3대 원칙'을 제시했으니 ① 변호사를 대지 말 것, ② 사식을 하지 말 것, ③ 보석을 신청하지 말 것 등이 바로 그것이다.

법정의 심문에서 '조선인이 조선의 독립운동을 하는데, 왜 일인의 재판을 받느냐?'고 답변을 거부하여 그 대신에 쓴 것이 그의 「불교유신론」과 함께 명논설로 꼽히는 「3·1독립선언이유서」이다. 만해의 옥중 생활과 관련된 에피소드 또한 풍부하다.

같이 수감 중이던 독립운동가들이 극형을 받으리란 소식에 새파랗게 질리는 것을 보고, "그래 독립만세를 부르고도 살아날 생각을 했더냐"고 호통치셨지요. 또 만해 선생님이 출옥하셨을 때 그를 얼싸안고 환영하는 마중객들에게 침을 탁탁 뱉으면서 "너희들은 뭘 했느냐"고 일갈하며, 그리고 혼잣말로 "저자들은 감옥에서 나온 사람 마중할 줄은 알아도 감옥에 들어갔다가 마중받을 줄은 모르는 인간들이니, 부끄러움을 당한 셈이야"라고 하셨지요. 이렇듯 직선적으로 쏘아붙이곤 했습니다.

김관호 씨의 말이다.

만해는 이듬해 1920년 8월 9일 경성지법 형사부에서 공소 불수리 판결로 출옥한다. 1924년 10월 6일 조선불교청년회 총재로 추대되어 총독정치는 불교에 간섭하지 말고 불교는 불교계에 일임하라는 등의 주장을 펼치며, 청년회관 등의 강연을 통해 식민지 정책을 비판하고 청년들을 계몽시킨다.

만해는 그처럼 열망하던 조국의 광복을 1년 앞둔 1944년 5월 9일

성북동 심우장에서 66세를 일기로 별세하니, 그 유해는 화장하여 망우리에 안장된다. 그의 입적 후 고승 송만공은 "만해 없는 서울 가서 뭘 해" 하며 수덕사에서 죽을 때까지 다시는 상경하지 않았다고 한다.

역시 부친께서 가장 슬퍼하신 때는 학병 나가는 것에 찬성하는 도장을 찍어달라는 때였지요. 일제하에서는 절대로 호적을 만들지 않겠다는 부친의 고집 때문에 저는 입적도 하지 못하고 학교도 다니지 못하다가 해방 후 김관호 선생님이 가호적을 만들어주셨지요. 그 후 어머님이 삯바느질로 저를 키웠지요. 생전에 아기자기한 삶다운 삶의 맛도 제대로 보지못한 데다가 독립지사의 후예라야 뭐 별것 있습니까? 아이들에게도 아직 할아버지 얘기를 들려주지 않고 있어요. 그래도 학교에서 배워 알 만큼은 아는 모양인데, 그저 자기 신조대로 살아가는 것이지요. 아이들도 그렇게 키울 작정입니다.

딸 영숙 씨의 말이다.

장지영
문자보급운동을 이끌었던 애국지사

장지영(張志暎)은 일제 식민통치하 물산장려운동과 3·1만세운동을 선도한 애국지사이다. 그는 《조선일보》 편집인으로 문자보급운동에 앞장섰고, 국어학자로 일제 말 조선어학회사건에 연루되어 2년간의 옥살이를 치르기도 했다.

장지영은 1887년 4월 22일 서울 서대문구 교남동 132번지에서 장은 상과 영해 박씨 사이에 차남으로 태어났다. 그는 1891년부터 가숙에서 한문을 배운다.

나는 매우 완고하고 한학을 숭상하는 가정에서 태어났기 때문에 가정교육을 받은 것은 순전히 유교사상과 한문학뿐이었다. 이것이 내 생각이나 성격과도 맞아서 어려서부터 남에게 고루하다는 평을 들었다. (『내가 걸어온 길』, 《월간중앙》 1973년 3월호)

장지영은 1905년 을사보호조약이 강제 체결되었을 때 충정공 민영환의 자결에 큰 충격을 받는다. 그는 당시 민충정공의 유서까지 직접 확인해 그 내용도 다음과 같이 기억하고 있다.

자기 역사가 있고 문화가 있는 우리나라로서 지금 역신들이 있어 왜족에게 국권을 넘겼으니 우리 국민은 앞으로 모든 종족이 환난 속에서 있게 될 것이다. 내 힘으로 뒤집어 회복할 수 없어 먼저 가니 국민은 자강자립하여 국권을 회복하라.

민충정공이 별세하자 조정과 백성들이 발칵 뒤집혀서 야단이었다. 장례는 시민장이나 다름없이 모든 시민에 의해 치러졌다. 장지영도 그들 속에 있었다.

상여를 청진동에서 모셔 나가는데 상행을 보호하기 위하여 앞뒤로 무명줄을 매어가지고 전국 각지에서 모인 수많은 사람들이 줄을 붙잡고 갔다. 종로로부터 서소문으로 나가는데 나도 집불(執拂)하는 사람 중에 끼었다. … 상여를 모시고 가던 사람 모두가 통곡을 했다. 나는 그 속에서 새로운 전환기를 맞이하고 있었다. 예전엔 완고하고 중국을 사모하는 마음이 두터웠는데, 그것이 변해서 우리는 언제까지나 역사적으로 남의 종노릇밖에 못 하느냐? 그리고 그 결과는 어떠냐? 오늘날 이 지경을 당하지 않았느냐? 하는 생각이 일어났다. 우리도 자주독립을 해야겠다는 생각이 팽배해졌다. 《나라사랑》 제29집, 1978년)

관립 한성외국어학교 한어과 재학생이던 장지영은 자주독립의식을 다져간다. 이듬해 1906년 졸업한 장지영은 그 학교의 부교관으로 있다가 애국지사들이 많이 모이는 상동예배당을 드나들며 독립의식을 굳혀간다. 상동예배당은 지금의 남대문시장 새로나백화점 자리에 있었으며, '상동(尙洞)'이란 상정승이 살았다는 유래가 있는 동네이다. 감리교회인 상동예배당은 진덕기 목사가 주관하던 곳으로 이회영, 이상재, 이갑, 이준, 안창호, 김구 등 애국지사들이 많이 드나들었다. 장지영은 상동예배당 사랑방에서 평생의 스승으로 모시게 된 주시경을 만나 그의 문하에서 국어를 전공한다.

> 내가 주시경 선생을 뵀을 때는 그가 문법체계를 완성하고 여러 학교에서 국어를 가르치는 한편 강습소를 차리고 국어학도를 양성했는데, 내가 중학 과정을 다시 거칠 수도 없어 1911년 8월까지 그의 서재에서 3년 동안 디 니먼시 국어를 전공했다. 《나라사랑》 제29집)

장지영은 주시경 문하에서 국어학을 연구하는 동안에도 근대 신학문인 과학에의 지적 향상을 위해 이일(도쿄 물리학교에서 수학과 물리학을 전공하고 귀국) 씨가 설립한 창동 정리사(精理舍) 전문학교에 입학하여 (1908년) 수학을 전공하고 1911년에 졸업한다.

상동 청년학원의 하기국어강습소는 1907년에 제1회 졸업생 25명을, 이듬해 2회 졸업생을 낸다. 1907년 헤이그 밀사사건이 일어났을 때 이준이 상동학교와 기독교청년회를 왕래하였다 하여 상동교회에 대한 일본 경찰의 감시가 심하여 1907년 7월 15일에는 청년학원 강습소를 박동 보성학교로 옮겼다. 이때 주시경은 소장이 되고, 장지영은 강사가 된다. 이즈음 그는 이상재, 현준, 유일선, 이동녕 등 선배 어른들의 청에 따라 남강 이승훈이 설립한 오산학교 선생으로 간다. 당시 오산은 민족정신교육이 투철한 학교인지라 왜경은 불온한 학교라 하여 폐쇄시킬 목적으로 남강을 제주도로 귀양 보냈다. 따라서 주인 없는 오산이 문을 닫아야 할 때(1911년 7월) 장지영이 오게 된 것이다.

그러나 그가 온 얼마 후 남강은 데라우치 총독 암살 음모를 꾸몄다는 105인 사건에 연루되어 투옥된다. 학교 문을 닫게 되니 장지영도 더 이상 버틸 수 없어 오산을 떠난다. 그는 다시 상동교회 청년학원의 국어와 수학 교사가 된다. 하지만 왜경의 탄압이 날로 심해 선배, 동지들이 만주 상하이 블라디보스토크 등지로 망명하므로 장지영은 남궁억을 원장으로 모시고 자신은 학감이 된다. 그는 김윤경, 윤복영 등과 함께 근무하다 1914년 8월 이 학원이 폐쇄되면서 이곳을 떠나게 된다. 이보다 한 달 앞서 주시경이 갑자기 별세한다. 그는 바쁜 몸을 쪼개어 여러 학교에서 국어교육을 담당하고 있었다. 장지영은 다음과 같이 스승을 추모했다.

주 선생 혼자서 도맡아 가르치던 국어교육을… 제자인 우리들이 나눠 맡기로 결의하고 각 학교의 교장(휘문학교 임경재, 중앙학교 최두선, 보성학교 이규방, 배재학당 신흥우, 경신학교 미국 선교사 쿤즈)을 찾아 상의하니, 이를 반겨 쾌락했다. 그리하여 김두봉은 휘문, 권덕규는 중앙, 신명균은 보성, 그리고 나는 경신에 나가게 되어 국어교육을 정상적으로 이어지게 했다. (『내가 걸어온 길』)

한편 장지영은 청년학원 교사 시절 간디의 무저항 비폭력 저항운동에 자극을 받아 유진태, 임경재, 김덕창 등 동지와 함께 경제 자립과 문화 독립을 위해 1912년에 물산장려회를 만든다. 그리고 간디를 본받아 직접 무명옷을 짜 입기로 하고, 고양과 김포 통진 등지로 다니며 목화를 모아서 시골 부인들에게 목화실을 뽑게 하고, 이를 덕창직물공장에 가져가 옷감을 짜게 한다. 그는 물산장려운동에 더해 보다 적극적인 독립운동 방향을 모색한다. 이듬해 장지영은 이수삼, 백남일, 조규수, 김정섭, 정범진, 노대규, 이원행, 오의선, 홍덕규, 김용철 등과 혈서동맹을 하여 비밀결사대인 '흰얼모'를 조직한다. 그 활동을 상하이 임시정부와 연계하기 위해 흰얼모 이름을 백영사(白英社)라 하여 해외 독립운동 동지들과 긴밀한 연락을 취한다.

흰얼모 동지들은 3·1운동이 일어나기 전날 전 민족의 운동이 되도록 하자는 결의를 다지고, 고종황제가 왜인의 책동과 매국노의 손에 피살되었음을 백일하에 폭로함으로써 온 국민의 의분을 격동시키기로 했다. 장지영은 조규수, 김정섭, 신경섭, 노대규 등과 그의 자택인 중림동 133번지에 모여 당시 《조선일보》 정치부장이던 조규수로 하여금 포고문을 짓도록 합의한다. 다음은 그 포고문의 내용이다.

우리가 문화라든가 역사가 남에게 뒤떨어지지 않는데, 웬 역적 손에 의하여 간악한 일국에 눌려 국권을 잃어버리니 이럴 수가 있느냐? 세계의 대의에서도 그냥 볼 수 없는 일이다. 지금 강화회의가 파리에서 열리는데, 거기에 특사를 보내려고 하니까 먼저 고종황제를 없앨 양으로 독약을 바쳤는데, 거기 앞장선 놈이 윤덕영이고 그 독약 심부름을 한 놈이 한창수로 식혜에다 독약을 타서 드렸다. (『내가 걸어온 길』)

고종 승하 경위에 대해 장지영은 일제 총독 하세가와의 사주를 받은 윤덕영 일당이 저지른 것으로 확신한다. 당시 내시이던 이병종이 눈물을 흘리며 장지영에게 전한 이야기다.

장지영 일행이 만든 포고문은 '대한국민회'의 포고문이라 하고, 2000장을 등사하여 그날 밤중에 남대문-을지로-동대문 방면, 서소문-종로-동대문 방면, 서대문 일대에 붙이고, 여관에도 투입한다. 이들은 이튿날 민족대표 33인이 주동한 독립선언에 직접 가담하지는 않았으나 온 민족이 봉기하도록 불을 질렀고, 또한 각 지방으로 빠르게 파급하도록 하는 불쏘시개 역할을 한 셈이다.

3·1운동 이후 경신학교에서 국어와 수학을 가르치던 장지영은 1921년 휘문의숙에서 조선어연구회를 창설한다. 발기인은 장지영과 임경재(휘문학교 교장), 최두선(중앙학교 교장), 이규방(보성학교 교두), 신명균(보성학교 교사) 등 7명이었다. 초대 간사장은 임경재가 맡고, 장지영은 최두선과 함께 간사를 맡는다. 장지영은 1926년에 제2대 간사장이 된다. 조선어연구회는 1931년 1월 10일에 조선어학회로 바뀌고, 1949년 9월 5일에 한글학회로 바뀐다.

장지영은 1926년 4월 12년간 근무하던 경신학교를 그만두고, 거기에 실직한 권덕규를 가게 한다. 장지영은 중앙학교로 가나 경신에서 권덕규를 받지 않아 의리를 생각하여 중앙을 그만두고 1926년 10월에 《조선일보》 기자가 된다.

중앙의 최두선 교장의 권고로 다시 중앙으로 갔으나 교직 생활이 너무 평범하고 갑갑하여 그만두고 조선일보사에 입사했다. 그 당시 조선일보사의 사장은 월남 이상재 선생이었고, 부사장은 나와 가까운 신석우 씨였다. 처음에는 견습기자로 교정부에 있었는데 하루는 신석우 씨가 말했다. "교정부에 있는 것이 창피하지 않아?" "창피하긴 뭐가 창피해"라고 대답했다. 그랬더니 얼마 후 나를 지방부장으로 올려놓고는 신문 제호 밑에 신석우로 되어 있던 편집인을 나로 바꿔놓았다(1928년 9월~1929년 11월). 그런데 때가 때인 만큼 편집인 행세가 도무지 수월치 않았다. 당시 왜놈들에게 붙어 날뛰던 각 지방의 도평의원이니 시협의원이니 하는 사람들의 행패가 심해서 그 사실을 그대로 보도하면 곧 경찰서에서 잡아갔다. (《나라사랑》 제29집)

편집인이라는 직책은 기사가 문제되었을 경우 먼저 책임을 지는 자리였다. 장지영은 약 1년 2개월간 편집인으로 재임하는 동안 종로경찰서 사찰계와 검찰국을 제집 드나들듯 하다가 '전과 4범'이 된다. 그는 입사 직후인 1927년 2월 발족한 민족운동단체 신간회에 이상재, 신석우, 한기악 등과 함께 발기인 27명 중 한 사람으로 참여한다. 그는 문자보급운동을 펼치면서도 지방부장으로서의 역할도 함께해 지면에 '신간회 고정란'을 두고 본부와 지부 사이의 활동 상황을 자세히 보도한다.

1929년 7월 《조선일보》가 시작한 문자보급운동은 장지영이 편집인으로서 직접 주도한 운동이었다. 그는 이해 신년호에 「새해에는 우리말과 글에 힘을 들이자」는 글을 실어 문자보급운동의 필요성을 역설한다. "아는 것이 힘, 배워야 산다"라는 표어 아래 3년간 이 운동의 총책으로 지면과 강연을 통해 열성적으로 활동한다. 1931년에는 문자보급운동을 주도하는, 신설된 문화부 부장이 된다.

직접 가르치는 일은 학생들이 맡고, 나는 그들을 동원하여 파견하는 일,

현지에 나가 그 학생들을 지도하고 독려하는 일, 시·도 등에 강습소를 설치하는 일 등을 맡아 했다. 이렇게 3년 동안 우리나라 전국에 안 간 곳이 없이 다니게 되었으며, 글을 깨쳐 신문을 읽을 수 있게 된 사람이 30만여 명이 되었다는 보고가 들어왔다. (『내가 걸어온 길』)

1930년에는 「한글 철자법 강좌」를 55회에 걸쳐 장기 연재하기도 한다. 문자보급운동은 방학을 맞아 귀향하는 남녀 학생들이 농촌의 문맹자에게 한글을 가르치는 운동으로, 일제강점기 최대의 민중계몽운동으로 평가되고 있다. 당시 2000만 인구 중 1700만 명이 문맹이었다.

1929년부터 3년간 실시된 문자보급운동은 임경래에게 판권이 넘어간 1932년과 1933년 두 해 중단됐고 방응모가 《조선일보》를 인수한 후인 1934년 재개됐으나 이듬해 총독부의 압력으로 다시 중단됐다. 《동아일보》는 1931년 '브나르도'(민중 속으로) 운동이란 이름으로 문맹퇴치운동을 펼쳤다. 문자보급운동에 학생들은 열성적으로 참여했다. 1934년 6월 29일 서울 공회당에서 열린 '동원식'에는 92개 중학교와 32개 전문학교 및 일본 유학생을 포함한 대학생 507명이 참가했다. 이때 준비한 문자보급 교재는 100만 부였다. 당시 《조선일보》 부수가 8000부였음을 감안하면 엄청난 규모다. (『조선일보 사람들』)

1932년 평양 숭실중학 학생이던 14세의 장준하(사상계사 사장 역임)는 이 운동을 펼치던 《조선》·《동아》 양대 민간지에 대해 '온 겨레를 지도하고 있는 존재', '캄캄한 우리 조국을 비춰주던 유일한 등불'('민족과 자유와 언론')이라고 표현했다.

장지영은《조선일보》의 문자보급운동 교재인『한글원본』을 직접 제
작했다. 그가 만든『한글원본』(1930년 발행)은 모두 16쪽으로 첫 페이지
에 'ㅏ, ㅑ, ㅓ, ㅕ…'로 시작되는 11개 모음(아래아 포함)과 'ㄱ, ㄴ, ㄷ, ㄹ…'
의 14개 자음을 나열하고 음을 달았다. 20항목에 걸쳐 그 음과 사용
예를 들어 설명해놓았다.

장지영은 1931년《조선일보》를 그만둔 뒤 양정중학에서 국어와
중국어를 가르친다. 그는 일제강점기 내내 국어학 운동을 주도하다
1942년 조선어학회사건으로 2년간 투옥된다. 함남 홍원경찰서에서 함
께 고초를 겪은 일석 이희승의 증언이다.

누구나와 마찬가지로 장지영도 이런 악행을 몇 번이고 당했다. 그러나
나는 장지영만이 당하는 기막힌 꼴을 보았다. 때는 1943년 양력 1월, 엄
동설한으로 가장 추운 때였다. … 우리 동료 일행을 문초하는 무덕전이
란 넓은 방에서 다른 사람들이 주시하는 가운데 장지영을 실오리 하나
걸친 것 없이 발가벗겨서 엎드리게 하고, 주전자에 담은 얼음 같은 냉수
를 머리에서부터 등허리를 통하여 엉덩이에 이르기까지 물세례를 주는
것이었다. 이와 같이 몇 번 거듭하면 사람은 별수 없이 동태 모양으로 되
지 않을 수가 없다. 이것은 육체의 고통뿐만 아니라 정신적인 고통까지
곁들이는 실로 야만적인 폭행이었다. (《나라사랑》 제29집)

장지영은 광복 후에는 연희대, 이화여대 교수를 지내며 국어 연구
에 헌신하다가 1976년 3월 15일 서울 동교동 자택에서 별세하며, 경기
도 고양군 벽제면 선유리 가족묘지에 안장된다. 슬하 4남 2녀 중 넷째
아들 세경(전 한양대 국문학과 교수) 씨가 부친의 뒤를 이어 국어학을 연

구하면서 부친의 유고를 보완해 1976년 부친과 공저인 『이두사전』을 냈다. 손자 경헌(서울대학교 교수) 씨도 국어학을 전공해 3대째 국어 연구에 매진하고 있다.

장지영의 양정고보 제자인 문제안 씨(전 수도여자사범대학 교수)는 스승에 대한 사모의 정을 이렇게 전했다.

나는 1932년 손기정 선수와 한 반으로 양정고보에 다닐 무렵 장지영 선생에게 국어를 배웠다. 광채가 나는 눈매며, 꼭 다문 입매며, 다부지면서도 다재다능하신 분이었다. 언제나 조용히 조리 있게 말씀하시는 것이 선생님의 특징이기도 했다. 그리고 언제나 '규모 있게 해라', '질서 있게 해라'를 입버릇처럼 되새기셔서 우리 귀에 못이 박힐 지경이었다. 그만큼 선생님께서는 옷매무새부터 단장하셨고, 머리 한 올 흐트리지 않으셨다.

이처럼 단정하고 근엄하시면서도 정말 시대에 앞서가시는 탁 트이신 지적인 멋쟁이셨다. 그뿐만 아니라 한의학에도 조예가 깊으셔서 당시 폐병으로 고생하는 제자 여러 명에게 약방문을 써주셔서 구제하기도 하셨다. 선생님은 실로 신(新)과 구(舊)를 겸하신 분이셨다.

환산 이윤재

한글 체계화의 초석을 다진 한글학자

조선어학회를 이끌고 일제 식민통치에 맞서 우리가 지금 일상 사용하는 한글 맞춤법 통일안을 다듬어온 환산(桓山) 이윤재(李允宰)는 일제 말 조선어학회사건에 연루되어 옥사한 한글 순교자이다.

환산은 1942년 10월 4일 조선어학회사건으로 최현배, 이희승, 김윤경 등과 함남 홍원경찰서에 구금되어 잔혹한 고문을 받다가 이듬해 12월 8일 옥사하며, 그 후 경북 달성군 다사면 이천리 뒷산에 안장됐다.

그는 백번 맞으면서도 때리는 형사들의 손을 붙들고 도리어 웃으면서 "어허! 이러지 말고 신사답게 이야기합시다" 하면… 나는 그때 같이 갇혀서 고생하던 동지들 중에서도 환산 선생은 성인이라고 불러서 틀림이 없다고 생각한다. 사람이란 역경에 처하게 되면 남을 원망하기도 하고, 또

제가 감형되는 것도 아니면서 구태여 남을 끌어넣어 같이 고생을 당하도록 하는 경우가 많은 것이다. 그러나 선생은 그 악독한 고문을 당하면서도 남을 원망하거나 끌어넣기는커녕 "그것은 나만이 한 일이요. 노산과는 의논한 일이 없소" 하고 나를 아껴주고 자기만이 그 형벌을 당하던 일이야말로 어찌 성인이 아니고 능히 할 수 있는 일이랴. 《《나라사랑》 제13집, 이은상)

세상 떠나시고 우리 가족이 함흥감옥에서 아버지를 접했을 때 벗겨진 옷은 온통 핏자국으로 얼룩졌고 피가 맺혀 엉킨 곳도 있었으며, 두 눈은 부릅뜬 채여서 왜놈의 고문이 얼마나 가혹했던지 짐작하고 남음이 있었지요. 그런데 이때 정말 과학시대에 믿기 힘든 기적이 일어났어요. 불끈 쥐었던 양손을 펼치니 하얀 비둘기가 날아올라 사라져버리잖아요. 열렸던 창문도 없었는데, 환영이랄 수도 없고, 왜놈 경찰이 죽 둘러선 가운데 우리가 살던 광나루 근처의 방앗골 산에 가매장했지요.

3녀 영애 씨의 말이다.

8·15해방을 맞은 이듬해 환산의 유해는 사회장으로 서울 성동구 방이동에 이장되며, 이듬해 그가 생전에 다듬은 『표준한글사전』의 유고는 그의 맏사위이자 제자 문인인 김병제 씨가 펴내 판을 거듭하고 있다. 그의 묘소는 1973년 봄 유족들에 의해 경북 달성군 다사면 이촌동 가족묘지로 다시 이장되었다.

환산은 1888년 12월 25일 경남 김해에서 문헌공 이용준의 7남매 중 맏아들로 태어났다. 6세 때 한문의숙으로 들어가 10년간 공부하면서 시골 훈장에게 뛰어난 재능을 인정받아 인근 동네에까지 신동으로 크게 알려졌다고 전해진다. 1908년에 김해 공립보통학교를 졸업하고 21세 때 대구의 정달선과 결혼하여 5남매를 두었다. 맏사위 김병제 씨는 일제강점기 때 스승인 환산에게 건의하여 새 맞춤법과 표준말로써 『표준조선어사전』을 엮어내도록 한 한글학자이다. 3녀 영애(서울대학교 사범대학 국어과 중퇴) 씨도 국문학자 이혁종 씨와 결혼했다.

> 할머니 말씀이 아버지는 7남매 중 제일 효자여서 평생 꾸지람 받을 일을 하신 적이 없다고 하더군요. 어릴 때 머리 감기는데 한 번 '끙' 하고 불만의 표시를 했으나 "그리하면 안 돼" 하니까 곧 숙어지신 적이 딱 한 번 부모에게 거역하신 것이라더군요. 어려서 글방에서 졸업할 때까지 죽 일등을 하셔서 늘 집에서 맡아놓고 떡을 해대고, 풍악을 울리곤 하셨대요.

3녀 영애 씨의 말이다.

환산은 1910년 김해 합성학교에서 교편을 잡으며, 그 후 대구 계성학교에서 수업하며 이때 이후 크리스천이 된다. 그의 아호 환산은 자신이 한족(韓族)이며 환인·환웅의 후예라는 뜻에서 '환(桓)'자를 땄고, 나라를 되찾는 상징으로 삼은 것이라고 한다.

1913년 마산 창신학교에서 국어와 국사를 가르치며 1917년 신학교에서도 교편을 잡는 한편, 마산의 예수교 청년 면려회장과 유년주일학교 교장으로 취임하여 종교 활동에도 힘을 기울인다.

1919년 평북 영변의 숭덕학교에서 교원으로 재직 중 3·1독립운동을 맞은 그는 앞장서서 항거하다 동지들과 함께 투옥되어 3년간 옥고를 치른다.

1921년 출옥 후 마산으로 내려가 잠시 머물다 중국으로 건너가 베이징대학 사학과에서 3년간 수학한다. 이즈음 그는 국내 잡지에 「중국의 새 문자」, 「몽고민족의 독립운동」, 「중화민국 의회소사」, 「북경대학을 중심으로 한 학계와 정계와의 충돌」, 「민중혁명화하는 중국의 학생운동」 등의 글을 발표한다.

1924년 귀국한 그는 평북 정주의 오산학교에서 교편을 잡으며 이듬해 흥사단에 가입한다. 이해 4월 상경한 후로는 1937년까지 협성학교, 경신학교, 동덕고녀, 배재, 중앙고보, 연희전문, 감리교신학교 등에서 우리말 교사로 크게 활약한다.

이즈음 환산은 조선어학회의 전신인 조선어동지회의 회원들과 더불어 국어사전 편찬의 준비 활동을 벌이며, 민족정신을 꽃피우기 위한 잡지 《한빛》을 창간, 발행인 겸 편집인으로 활약한다.

1929년 10월 31일 각계 유지 108인의 발기로 조선어사전편찬회를 조직, 그 집행위원이 되며 뒤이어 중국 상하이에 망명하여 혼자 사전 편찬 일을 하던 김두봉을 만나고 온다.

이듬해 혼란에 빠진 문법의 확립과 맞춤법의 통일을 위해 그는 한글 맞춤법 통일안 작성위원으로 뽑혀 한글의 체계화에 진력한다. 이듬해 1931년 《동아일보》에 연재하던 『성웅 이순신』을 찬술하나, 이 책은 일제 관헌들에 의해 발매 금지되며, 또 중학교 이상의 각급 학교에서 국어, 작문의 문범으로 쓰기 위한 문예독본 2권도 펴낸다. 또 이해 여름 조선어학회에서 베푼 여름 학술강습회 일로 평양, 선천, 황주 등지에 순회강연 이후 4년 동안 여름철에 한글강습회 강연차 지방을 순회한다.

뒤이어 그는 조선어학회의 기관지 《한글》을 편집인 겸 발행인으로 간행하며, 이듬해 1934년 국학 및 국사학자 동지들과 더불어 역사 연구회인 진단학회를 창립, 이해 11월 기관지《진단학보》를 창간하여 계간 학술지로 나오도록 한다.

바로 이 진단학회는 그 후 이병도를 중심으로 한 한국 사학의 주류를 이루는 학파의 요람으로 발전하여 국사의 체계화에 큰 공을 쌓고 있으며, 오늘에 이르기까지 활발한 학회 활동을 계속 벌여《진단학보》를 내고 있다.

조선어 표준말 사정(査定)을 주관해오던 그는 이어 『조선어 표준말 모음』을 발표하며, 조선어학회의 상임편찬위원으로 선출된다.

당시《한글》지의 머리말 「한글을 처음 내면서」에는 우리말과 글을 아끼는 환산의 충정이 잘 함축되어 있다.

어느 나라 사람이든지 각기 제 나라의 말과 글이 있어 모두 여기에 대하여 끔찍이 사랑을 주는 것이다. … 우리가 우리글을 잘 알자 하는 소리가 근년에 와서 더욱 높아간다. 우리는 하루바삐 묵정밭같이 거친 우리 한글을 잘 다스려서 옳고 바르고 깨끗하게 만들어놓지 않으면 안 될 것이다.

1937년 환산은 수양동우회사건으로 일경에 검색되어 이듬해 여름까지 서대문형무소에서 옥고를 겪는다.

저는 아버지가 33세 때 서울 화동 129번지에서 태어났는데 아버지께서 감옥에 계실 때 우리 남매들이 공부하고 졸업했고, 그러다가 상급학교에 입학해 다니면 또 감옥으로 가시고 하여 이런 일에 아주 숙달돼버렸어요. 그래 순경들이 문밖에 오면 급한 일이 있다 하고 우리 자매들이 짝을 지어 둘은 망을 보고, 저는 아버지 책을 미리 파놓은 땅에 묻곤 했지요. 평생 골내신 적이 없고 늘 인자한 웃음으로 저희들을 대하셨고, 그러면서도 강직하셔 말 한마디라도 잘못된 점은 손수 고쳐주시곤 했지요. 다정다감하게 역사 이야기를 들려주시던 모습이 눈에 선합니다.

예수교 장로시라 술·담배는 안 하셨고, 외모는 작았지만 강골이어서 퍽 건강하셨어요. 어머니께서 손수 양을 기르셔 아버지께서는 양젖을 즐겨 드셨지요. 그러다가 감옥에 다녀오셔서는 객혈증이 심해 한겨울이라도 방문을 열고 주무셔야 했고, 피를 한 되씩이나 쏟곤 하셔 늘 옆에다 먹물을 마련해 놓아야 했고, 도마뱀이 특효약이라 하여 산채로 조그만 병 속에 넣어 드시기도 했습니다.

3녀 영애 씨의 말이다.

환산은 서울 중구 수표동의 조선어학회가 건물이 없어 정처를 잡지 못할 무렵 그의 화동 집(목조 이층집)을 헐값으로 내놓아 그 어려움을 덜어주기도 한다.

필자의 고모부인 이윤재 선생을 처음 만난 것은 보통학교 시절의 여름방학이었다. 양복을 입고 양화를 신은 선생의 모습은 촌사람과 차이가 없었다. 선생의 외모가 잘생겼다고는 할 수 없기 때문에 더욱 그렇게 느껴졌다. 당시 선생이 살고 있었던 곳은 제일고등보통학교(현 경기고) 교정에서 남쪽으로 내려다보이는 집이었고, 안국동 교회에서 약 100m 북쪽에 위치한 집이었다.

그분의 생활은 극히 청빈했다. 어린 아들과 딸들에게 달걀을 먹일 만한 생활도 되지 않았다. 물론 서재와 같은 것을 꾸며 독방을 차지할 수도 없었다. 얇은 벽을 사이에 두고 작은 방에는 조모와 함께 필자가 있었고,

선생은 그 옆방에 기거했다. 늦게 얻은 아들 둘과 부인이 한방을 썼다. 따라서 그 방은 아이들의 놀이방이었고, 침실이었고, 또한 연구실이기도 했다. 그러나 선생의 생활 태도가 구김새가 없고, 또 잡음 같은 데 구애받지 않는 것이었기에 단칸방을 쓰고 있다는 것이 선생의 연구나 생활에 크게 영향을 주지는 않았다.

지금도 생생한 것은 아이들이 《한글》 교정을 지켜보고 있는 선생 등에 올라타며 놀고 있는 모습이다. 방은 두 간 반 정도이며 책꽂이가 있었으나 책상은 없었다. (《나라사랑》 제13집, 정인홍 성균관대 교수)

1930년대 초 한글 맞춤법 통일안을 놓고 학문상의 논쟁을 벌이던 때 환산의 모습을 중앙학교 제자 김선기(전 문교부차관) 씨가 이렇게 그리고 있다.

1932년 12월 25일 개성에서 회의가 열렸는데 사람마다 보는 바가 달라 맞춤법 통일안 작성을 위한 회의에서 불을 뿜는 싸움이 벌어짐을 눈앞에 보았다. 한뫼(이윤재) 선생은 아무리 격렬한 대립을 하여 싸울 때라도 그는 부드러운 말씨로 대응하니까 상대방도 싸울 수가 없게 되었다. 춘원으로 하여금 이런 성품을 '동방 제일의 군자'라고 일컫게 했다. (《나라사랑》 제13집)

환산은 1939년 11월부터 이듬해 12월까지 《문장》지에 박지원의 「도강록(渡江錄)」을 연재하는데, 이 글은 그가 별세한 후 1946년 5월 대성출판사에 의해 단행본으로 간행된다.

이극로·최현배 선생과 교분이 잦았고, 김윤경 선생과 제일 친해 의형제를 맺고 서로 형님·아우(환산) 하는 사이였지요. 교복도 꼭 한복을 입으라고 하셔서 무궁화 언니는 당시 동덕고녀 조동식 교장의 허락을 받아 전교의 유일한 한복 학생이었고 저도 그랬어요. 안동교회 장로로 계시면서 교회에 심어져 있는 벚꽃 나무를 베고 대신 무궁화를 심으셨지요. 다른 것은 철저히 자유방임하시면서도 오빠들도 모두 사립학교에 가라고 하셨고, 수학여행까지도 일제에 협력하는 것이라 하여 우리를 보내지 않았습니다. 돈 5전이면 전차 타고 편안히 통근하실 수 있었는데 그것도 왜놈들에게 전차삯을 줄 수 없다고 하시면서, 총독부(지금은 사라진 중앙청 자리)가 보이지 않는 길을 택해 화동에서 연희전문 정문까지 빙 돌아서 출근하시곤 했습니다.

3녀 영애 씨 말이다.

다음은 환산의 제자이자 노후의 국학 연구 동지인 노산 이은상 씨의 술회다.

그가 베이징 가서 유학하는 동안 그의 부모를 보호해준 어떤 유지의 아들이 서울에서 결혼식을 하게 되었는데, 하필이면 진고개(지금의 충무로, 일제 때 일본인만이 살던 본정) 호텔에서 거행하게 된 것이었다. 의리를 지키는 선생으로서 그 예식에 참여해야 하겠으나 일평생 왜놈들의 거리라고 해서 맹세코 자기 발걸음을 들여놓아 본 적이 없는 그러한 진고개라, 또한 차마 들어갈 수도 없는 것이었다. 그래서 그가 지금 국제우체국 앞 진고개로 들어가는 어귀에서 결혼식을 하는 2시부터 잔치를 파하고 모두들 돌아 나오는 시간까지 거의 두세 시간 동안 짐승처럼 서 있었다는 이

야기는 많은 사람의 가슴에 무엇인가 충격을 주기까지 했던 것이다. 《《나라사랑》13집)

일제가 조작한 조선어학회사건에 환산과 함께 연루돼 옥고를 치렀던 국어학자 일석 이희승은 「인간 이윤재」(《신태양》 1957년 8월호)에서 다음과 같이 평했다.

환산은 그 인물이 가장 순진하고 소탈하고 고지식하여 아무 꾸밈새가 없이 수더분하기 짝이 없었으며, 의복 같은 것은 명색만을 되는대로 몸에 걸치고 다녔다. 즉 공자의 제자 자로에 대한 찬사를 그대로 쓸 만한 인물이었다.

그리고 그는 세 가지 일을 몰랐다. 첫째, 능소능대로 신축자재한 수단을 부릴 줄 몰랐다. 둘째, 금전에 대한 욕심을 몰랐다. 셋째, 세상을 몰랐다. 그런데 세상이 알고 있는 세 가지 일이 있었다. 첫째, 환산은 자아를 잘 알고 있었다. 둘째, 환산은 의리를 잘 알았다. 셋째, 환산은 정의를 잘 알았다.

동지의 한 사람이었던 김윤경은 환산의 비문에 다음과 같이 적었다.

공의 인격은 지극히 청렴하고 인자하고 겸손하였다. 지극히 평화스러워 성내는 일이 없었다. 종교로는 예수교의 장로였으며, 인생의 사업으로는 혀와 붓을 통하여서의 교육이었다. 인적 혁신과 정치혁명을 위하여서는 해외에서 흥사단에, 국내에 와서는 수양동우회에 관계하여 심력을 다하였고, 국사를 통하여 조선의 넋을 살리기 위하여서는 진단학회를 일으켰고, 우리말과 글을 바로잡기 위하여는 조선어학회의 중진이 되었던 것이다.

06

육당 최남선
한국 최초의 잡지와 신체시를 개척한 신문화의 선구자

육당(六堂) 최남선(崔南善)은 한국 근대 애국계몽운동에 앞장선 인물이다. 3·1만세 「독립선언서」의 작성자로 3년간 옥고를 치른 육당은 1908년 한국 최초의 종합잡지 《소년》의 창간인으로 어문일치의 글을 써서 오늘의 우리글 기초를 닦았다. 또 조선광문회(朝鮮光文會)를 설립하여 우리 문헌의 보존·간행 작업에 앞장서 한국학 탄생의 터전을 마련했으며, 일제 학자들의 어용 '단군신화'에 맞서 동북아 문화사를 아우르는 육당 특유의 '단군론'을 내세워 식민사관에 도전했다.

육당은 1890년 4월 26일 서울 중구 을지로2가 22번지에서 관상감의 기감(현 기상대장)을 지낸 최헌규(崔獻圭)와 진주 강씨 사이에 3남 3녀 중 차남으로 태어났다. 그의 집안은 동주(東州) 최씨이며, 육당은 고려시대의 팔군도통사 최영 장군의 20대손으로, 중인 계급에 속해 있었다. 중인은 지금의 사무관, 기술관 같은 정부 각 기관의 실무를 맡아보는 사람들이다.

육당의 부친 헌규가 근무하던 관상감은 중국 천자가 보내는 황력(皇曆, 태양력)을 누구보다 먼저 볼 수 있는 자리였다. 황력을 농사에 맞게 농력으로 바꿔 모판 간행을 하면 저절로 돈이 되는 시대였다. 이렇게 해서 모은 종잣돈으로 중국 상인들에게서 약재를 받아놓으면, 운 좋게 그 약이 필요한 역병이 돌아 그 약재 값이 자꾸 뛰어 이문이 컸다. 무역을 통해 국제 정세에 눈뜨게 된 헌규는 같은 중인 출신 오경석과 유대치의 개화 사업을 적극 지지하게 되었고, 자신의 자식들도 그런 일을 해주기를 바랐다.

육당은 서당에서 글을 익히면서 12세 때 《황성신문》 등에 투고하기 시작하며, 역관 현정운의 7자매 중 6녀 현영채와 결혼한다. 개화기 소설가 현진건의 조카이다. 육당이란 아호에 관해서는 '육당 연구'를 학위논문으로 쓴 홍일식 전 고려대 총장이 생전에 들은 것을 전했다.

그분의 이름자 중에서 성과 항렬을 빼면 남는 것은 '남(南)'자뿐 아닙니까? 북두칠성의 반대쪽에는 남두육성이 있으니까, 남쪽에서 가장 귀한 것을 택해 육당으로 하셨다고 해요. 서재필 선생은 생전에 독립운동 자금과 애국계몽운동에 가산을 모두 쾌척한 이회영과 최남선 집안에, 국권을 회복한 정부는 마땅히 그 재산을 보상해줘야 한다고 말씀하셨지요.

육당은 이듬해 경성학당에 입학하여 일본어를 배워 석 달 뒤부터 《대판조일신문》을 구독하여 일본어를 익힌다. 이후 그는 두 차례 일본으로 유학을 가지만 모두 중도 하차한다. 첫 번째는 1904년 15세 때 황실 유학생으로 뽑혀 도쿄부립 제1중학교에 입학한다. 그러나 유학

석 달 만에 자진퇴학하고 귀국한다. 이어 《황성신문》에 일화(日貨) 배척 투고로 필화를 입어 일본군 헌병대에 끌려가 민병도와 함께 한 달 구류된다.

1906년에 다시 일본 유학길에 올라 와세다대학 고등사범부 지리역사과에 입학하여 《대한유학생회보》를 편집하기도 한다. 그러나 이해 6월에 열린 모의국회에서 한국의 경술국치 문제가 의제로 되자 자퇴하고 귀국한다.

『나의 할아버지 육당 최남선』을 저술한 손자 최한주 씨는 당시의 상황을 이렇게 밝혔다.

유학 중에 일본의 근대적 발전상에 놀라움을 금치 못했던 할아버지는 당신의 공부보다 국민 계몽이 먼저라고 생각했다. 풍전등화와 같았던 조국을 살리는 길은 국민을 계몽시켜 근대적 국민으로 새롭게 태어나게 하는 것이었다. 그 국민 계몽은 출판 사업을 통해서 가능하다고 생각한 할아버지는 엄친 최헌규에게 자신의 뜻을 말씀드렸고, 내 증조부 최헌규는 이를 흔쾌히 허락했다. 17세에 지나지 않은 아들의 사업을 허락했던 것은 평소 갑신정변의 실패를 안타까워해서였다. … 증조부는 그의 아들이 하겠다는 출판을 통한 계몽구국운동으로 혁명에 필요한 인적 기반이 창출되면 갑신정변의 뼈아픈 실패를 되풀이하지 않을 것으로 기대했다. (『육당 최남선』)

부친에게서 거액의 자금을 받은 최남선은 일본에서 인쇄기와 기술자를 들여와 상리동 21번지 맞은편, 지금의 을지로2가 외환은행 본점 터에 있던 집 두 채에 인쇄공장과 사무실을 차린다. 한 채에는 1층에 사무실, 2층에 편집실을, 다른 한 채에는 인쇄공장을 두었다. 1907년 여름에 출판사 신문관(新文館)이 문을 열었다. 최남선의 집안 전체가 이 사업에 참여한다. 부친은 이익이라고는 거의 없는 신문관 사업에 16년 동안 계속 자금을 댔고, 장자 창선이 신문관 사주로 경영을 맡는다.

이듬해 신문관에서 창간된 《소년》은 우리나라 최초의 종합잡지다. 제호 '소년'은 요즘의 10대 소년이 아닌, 새로운 사상을 가진 새로운 세대를 뜻했다. 《소년》은 근대 문물을 소개하는 잡지만이 아니었다. 도산 안창호와 최남선이 설립한 청년학우회의 기관지이기도 했다. 그 때문에 《소년》은 1년 남짓 나오다 폐간된다. 육당이 도산을 처음 만난 것은 1907년 일본에서였다.

> 도산 선생과 청년학우회를 조직한 시기의 역사적 배경은 독립 한국이 일본의 보호국이 되고, 마지막 명운이 끊어지려는 위기에 처해 있었다. 당시 근대적 민족 자각으로서 청년학우회를 만든 근본정신은 진실한 민족혼의 자각으로서 진실한 독립국가를 찾자는 것이었다. 그리고 이러한 청년운동의 기운을 촉진시키는 일대 모범은 '청년 이태리' 운동이었다. 이러한 이상과 목적을 위하여 우리는 미국에서 돌아오신 도산 선생을 동경에서 만나서 그의 지도하에 상의하였다. (『진실정신』, 최남선, 1954년)

이후 도산이 먼저 귀국해 윤치호, 이상재, 양기탁 등과 신민회를 결성한다. 신문관이 설립된 해로 '신민(新民)'과 '신문(新文)'은 같은 이상을 지향하고 있었다. 신민회는 교육 진흥, 민족사업 육성, 청년운동을 추진하여 청년운동 담당 단체로 1909년 청년학우회가 출범했다. 청년학우회 결성에는 윤치호, 차리석, 이승훈, 안태국과 함께 육당이 참여하는데, 그는 다른 발기인에 비해 확연히 차이가 나는 약관의 젊은이였다. 육당은 도산의 부탁으로 청년학우회의 취지문을 작성한다.

'거짓말하지 말자'로 압축되는 무실역행(務實力行) 정신을 실천하는 청년학우회는 청년운동을 통해 근대 국민을 형성하고자 했다. 육당은 《소년》을 통해 청년학우회의 취지, 강령, 동향 등을 알렸고, 전국을 다니면서 순회강연을 할 때 도산은 젊은 육당을 단상에 세우고 소개했다. '23세밖에 안 된 젊은이가 혼자서 잡지를 간행해 민족의 계몽과 새 문화 창조에 진력을 바치고 있다'고 소개했다. 육당은 소년 명사로 전국적 인물로 떴지만 수난도 덮쳐왔다.

한일합병 이듬해 1911년 일제는 데라우치 총독 암살사건을 조작한 '105인 사건'으로 신민회 회원 다수를 검거했다. 이 과정에서 청년학우회도 해체됐고, 《소년》도 정간됐다. 이어 《소년》이 폐간된 후 육당은 어린이 잡지 《붉은 저고리》, 《아이들보이》를 발행하다가 1914년부터는 《청춘》을 발간한다. 문예 중심으로 편집하는 성년 대상 잡지였다. 필진도 다양해져 이광수, 홍명희, 현상윤, 권상로, 이상협, 진학문, 민태원이 썼다.

신문관 시절 육당은 근대적 글쓰기로 문장혁명을 일으킨다. '국주한종(國主漢從)', '언주문종(言主文從)'으로 요약되는 육당의 신문장 건립 운동은 《소년》부터 일관되게 추진되어왔다.

그는 《소년》에 우리나라 첫 신체시 「해에게서 소년에게」를 발표했다. 우리말을 '한글'이라고 이름 붙인 육당은 '어린이'라는 순우리말을 처음으로 칭인해 쓰기도 했다. 1914년 《청춘》에 「어린이의 꿈」이란 시를 발표하는데, 방정환이 1920년 《개벽》에 발표한 「어린이 노래」보다

6년 앞선 것이다. 육당은 『조선상식문답』에 '한글'을 쓴 경위를 밝히고 있다.

당시 사람들은 저마다 '우리말', '국문', '언문', '반절', '조선글', '배달글', '정음' 등 다르게 부르고 있었는데 조선광문회에서는 조선의 고유한 문자에 새 이름을 주는 문제를 토의하였다. 이때 육당이 '한글'이란 이름을 사용할 것을 제의했다. '한글'의 '한'은 '크다'와 '나라(韓)'를 같이 의미한다. 육당의 제안에 조선광문회 소속 어문학자들이 동의했다. 주시경 사후 '한글모(조선어학회)'의 회장을 맡게 된 육당은 한글 쓰는 법의 한 예로 가로 풀어쓰기를 창안하여 후일 발명되는 한글 타자기 원리에 맥을 잇는 선견지명도 보인다.

육당은 1910년 12월 살림집을 굽은다리(曲橋)로 옮기고, 부친의 사랑채 2층에 조선광문회를 창립한다. 그는 일제에 의한 약탈 반출로 인해 희귀한 고서적이 없어질 것을 염려해 우리 문헌과 고전을 쉽게 풀어 간행하며 『동국통감』, 『열하일기』 등의 한문 고전도 간행한다. 육당은 이곳에서 당시의 지식인들과 문예 활동을 벌인다. 박은식, 장지연, 유근, 이인승, 김교헌, 현채 등과 사라져가는 고전을 간행하며 주시경, 권덕규, 김두봉, 임규 등과 우리말 사전의 편찬에 착수한다.

1911년 조선총독부 취조국은 조선어 사전 편찬을 시작하고 있었다. 육당은 우리말 사전 편찬이 일제에 의해 먼저 시작되는 것을 그대로 두고 볼 수 없었다. 그는 먼저 한자 사전의 편찬에 착수했다. 조선어와 밀접한 관련이 있는 한자를 정리하는 것은 조선어 사전 편찬의 기초 작업이기도 했다. 1915년 현대식 체계의 『신자전(新字典)』을 완성했는데, 이때 『신자전』의 편집과 조선어 훈석(訓釋)을 맡았던 사람이 주시경과 김두봉이었다.

오래전부터 조선어 사전 편찬을 계획하고 있던 주시경은 조선광문회에서 제자 김두봉, 권덕규, 이규영 등과 함께 사전 편찬을 시작했다. 1911년부터 시작되어 4년간 진행된 이 사전이 최초의 조선어 사전 『말모이』이다. 그러나 이 사전은 출간되지 못했다. 주시경이 1914년 별세하고, 1919년 3월 육당은 3·1운동으로 체포돼 수감되고, 그해 4월 김두봉도 상하이로 망명하고, 이규영마저 1920년 별세해 『말모이』 편찬 작업은 더 이상 지속되지 못했기 때문이다.

3·1운동 전해인 1918년 박승빈은 육당을 비롯해 오세창, 이능화 등과 함께 한양구락부를 만들었고, 1921년에 일본인이 되려고 안달이 난 조선인들이 만든 대정구락부에 맞서 계명구락부로 이름을 바꿔 학술 활동을 계속하고 있었다. 육당은 1925년 《동아일보》 객원이 된 무렵부터 계명구락부에 출입하면서, 우리말 키우기에 본격적으로 나선다. 그가 계명구락부를 자주 출입한 이유는 조선광문회 때 주시경 등이 편찬하다 중단된 『말모이』 사전 편찬 작업을 이어가기 위해서였다. 육당은 박승빈과 각별한 인연이 있었고, 또 두 분은 조선어 사전 편찬에 대한 열의가 강했다. 박승빈은 법조인 출신으로 변호사였다. 그래서 조선 사람을 위해 조선어로 된 법전 편찬의 필요성을 절감하게 됐고, 그 법전을 제대로 만들기 위해 조선어를 연구하게 됐다. 박승빈은 일본 유학 시절에 익숙해진 일본어, 영어, 독일어 등 외국어 문법체계와 맞먹는 조선어 문법체계를 만들고자 했다.

그러나 조선광문회 운영자금을 대던 육당의 부친은 아들이 벌여오던 동명(출판사), 《시대일보》의 사업을 거치며 가산을 탕진하여 더 이상 운영자금을 댈 수 없었고, 이에 따라 『말모이』 편찬 작업도 중단됐다. 그 때문에 육당은 『말모이』 원고와 함께 임규, 이윤재 등을 계명구락부로 보내 사전 편찬 작업을 계속하게 한다. 그 원고들이 조선어사전 편찬위원회, 조선어학회를 거치면서 원고의 일부가 완성돼 1942년 인쇄에 부쳐졌다. 하지만 바로 그해 10월 조선어학회사건이 일어났다. 일제는 조선어학회 회원 모두를 검거했고, 수십만 장에 달하는 원고 카드를 압수했다.

모진 고문에도 살아남은 회원들은 해방 후에 풀려났지만, 일제에 압수당한 사전 원고는 어디에서도 나타나지 않았다. 조선광문회에서 『말모이』로 시작한 이래 우리 손으로 우리말 사전을 만들겠다는 오랜 노력이 물거품이 됐다고 낙심하던 중에 천만다행히도 서울역 운수부 창고에서 발견되었다. 이 원고가 1947년부터 을유문화사에서 『조선말 큰사전』으로 발간되고 있었다. 그러나 6·25전쟁이 일어나 사전 편찬은 또다시 중단됐다. 전쟁에서도 살아남은 원고는 1957년에야 모두 6권의 '큰사전'으로 완간됐다.

육당은 1919년 3·1운동 때에는 「독립선언서」를 작성하고, 자신이 경영하는 신문관에서 직접 「독립선언서」의 판을 짠다. 3월 3일 일제에 체포되어 2년 6개월의 징역을 언도받았고, 1921년 10월 가출옥되었다.

할아버지는 밤에는 임규의 일본인 부인 고사와의 집에 숨어 「독립선언서」를 준비하고, 낮에는 동지들에게 연락하는 일을 맡았다. 할아버지는 기독교 측과 교섭해 정주 오산학교의 설립자이자 기독교계 지도자인 남강 이승훈을 운동에 참여시켰다. 할아버지가 김도태를 정주로 보냈을 때 이승훈은 105인 사건으로 옥살이를 하다 나온 지 얼마 되지 않아 건강이 좋지 않았는데도, 기독교계를 대표해 참가할 것을 쾌락했다. (『육당 최남선』)

출옥 후 신문관을 해산하고 동명사를 창립한다. 그리고 1922년 9월 주간지 《동명》을 창간한다. 《동명》에는 육당이 3·1운동 후 민족운동의 방향을 모색하는 일뿐만 아니라 '조선' 정체성의 정립을 향한 조선학의 수립에 진력하는 모습도 보인다. 그는 《동명》 제1호부터 「조선역사강좌」를 20회에 걸쳐 연재한다. 여기서 '조선인의 손으로 조선학을 세울 것'을 제창한다.

1924년 3월 일간지로 《시대일보》를 창간하나 경영난으로 곧 물러난다. 이즈음 육당은 민족주의와 사회주의 진영을 아우르는 단체로서 신간회의 창립을 주도한다.

할아버지가 민족주의 경향의 신석우와 사회주의 성향의 홍명희를 연결시켜 신간회 창립을 주도하게 했다고 생각한다. 거기에는 충분한 이유와 명분이 있다. 당신은 두 사람이 주도하는 것만으로도 신간회기 모든 민족운동의 구심점이 될 것으로 믿었던 것이다. (『육당 최남선』)

이후 저술 활동에 힘을 쏟아 『불함문화론(不咸文化論)』, 『신춘순례』, 『단군론』, 『아시조선(兒時朝鮮)』, 『백두산근참기』, 『백팔번뇌』, 『삼국유사해제』, 『시조유취』, 『조선유람기』 등을 낸다.

1928년에는 조선사편수회 위원이 되며, 1939년에는 만주 건국대학의 교수가 되어 후일 친일 논쟁의 빌미가 된다. 이후에도 우리 역사와 문화에 관한 많은 글을 쓴다. 광복 후에는 일제하 친일 인물의 표적이 되었으며, 대한민국 정부 수립 후 1949년 2월 반민족행위처단법에 의해 서대문형무소에 수감되었다가 자열서(自列書)를 특별재판소에 제출하고 한 달 만에 보석 석방된다.

그 이후에도 국사사전 집필과 강의 활동을 벌이다가 1955년 천주교에 귀의한다. 육당은 1955년 10월 10일 서울 종로구 묘동 자택에서 별세하며, 경기도 양주군 온수리 선영에 안장된다.

07

민세 안재홍
옥중에서도 꺾일 줄 몰랐던 집필 투혼

민세(民世) 안재홍(安在鴻)은 《조선일보》의 주필과 사장을 지낸 언론인인 한편, 단재 신채호 등과 상하이 동제사(同濟社)에서 활약하고, 3·1운동에 참여하여 9년간 옥고를 치른 것을 비롯해 신간회사건, 조선어학회사건 등 9차례나 일제에 의해 옥살이를 하였으며, 해방 후 미군정의 민정장관, 국민당 당수를 역임한 대표적 민족지도자이다.

민세 안재홍은 일제 치하에서 가장 여러 차례 옥고를 치른 논객이었다. 그는 언론 필화로 인해서도 빈번하게 투옥되었지만 언론과 직접 관련 없는 사건에 연루되어 형무소에 들어가기도 하였다. 그는 아홉 차례의 옥고를 치렀는데, 옥중 생활이 도합 7년 3개월이나 되었다. (「한국의 논객들」, 성진석, 《월간조선》, 1993년 11월)

그는 1892년 11월 30일 경기도 평택군 고덕면 두릉리 646에서 농사를 짓던 비교적 유복한 시골 선비의 차남으로 태어났다. 민세는 5세 때부터 가숙에서 한문을 배우면서 남다른 총명을 보였다고 한다. 7세 때 통감을 읽으면서 800년을 버티어온 주나라가 진에게 망하는 기록을 배울 때, 감개의 눈물을 흘려 선생을 놀라게 했다. 12세 때 마을 앞산에 올라 때마침 개통된 경부철도에 기차가 우렁찬 고동 소리와 함께 검은 연기를 토하면서 내닫는 것을 10리 밖에서 바라보고, 일제 세력의 침입을 통분하여 독립운동에 투신하기로 결심한다.

이후부터 민세는 그의 일기에서 날카롭게 시국을 비판하여 그의 부친은 '이 아이가 단명치 않으면 일생에 풍운이 심할 것'이라고 염려했다. 14세 때부터 민세에게 2년간 글을 가르친 박제대도 그를 크게 촉망하여 특히 장래에 자중자애하기를 당부했다고 한다.

시골 동네치고는 넓은 들판이었고, 지금도 그때나 별로 변한 것이 없어요. 현대식 건물이 들이시고 사람들이 불어나고 버스가 들어와 교통이 편해졌더군요. 그곳에는 안씨가 많은 데다 우리 집이 넉넉하게 살아 평택군 일대에서까지도 아버지의 이름을 잘 기억하고 있지요. 6·25전쟁 바로 전 아버지가 그곳에서 2대 국회의원에 당선된 뒤를 이어 몇 해 전에는 큰 오빠가 출마하신 적도 있지요. (생전의 고명딸 서용 씨)

민세가 신학문에 눈을 뜨게 된 것은 한창 청년기에 접어드는 17세 때. 군내의 사립 진흥의숙에서 수학하나 뒤이어 시국 소요로 중지되고, 이듬해 황성기독교청년회관 중학부에 입학하여 이상재, 김규식 등에게 3년간 신학문을 배운다. 또 그동안 서북협성학교 안에 있는 농림강습소에서 7개월간 수업하여 농림에 관심을 쏟기도 한다.

그의 중학 시절 가장 충격을 받은 일은 안중근 의사의 의거. 이때 청년회 토론 회원으로 애국심을 고취하다 1910년 8월 일본 유학길에 올라 9월에 와세다대학 상경부에 입학한다. 이듬해 봄 조소앙과 중국 망명을 시도하다 헌병대에 검거되나 21세의 어린 나이라 풀려나며, 뒤이어 계속 일제의 감시와 검거를 받는다.

대학 시절 그는 유학생 학우회와 재도쿄 조선기독교청년회 수뇌부에서 학생운동을 벌이며, 도미길에 도쿄에 들른 이승만과 만나 그 후 이승만이 하와이에서 발행하는 《태평양》 잡지의 기고가가 되고 지국장도 맡으며, 졸업할 때까지 하와이 《국민보》(주필 박용만)의 극동 통신원이 되기도 한다.

대학 3년 때 그는 중국 상하이로 밀행하여 한중 혁명 독립운동단체인 동제사에 가담하며 김규식, 조소앙, 정인보 등과 만나 독립을 논한다. 대학을 졸업하고 귀국하여 25세 때 중앙학교 학감에 취임하나 학생들에게 독립사상을 고취했다고 하여 일제에 의해 밀려난다.

뒤이어 민세는 상하이로 밀항하여 동제사의 동지 박찬익, 신규식의 장서를 들고 귀국하여 박영효를 찾아, 상하이로 가 독립운동을 할 것을 권유하나 그가 사양하므로 실패한다. 이어 3·1운동 후 비밀결사 대한청년외교단의 지도자로 상하이 임정과 연락하다 이해 11월 하순 일제에 발각되어 대구감옥에서 3년간 옥고를 치른다.

적의 앞에 비겁을 안 비치겠다는 그의 당당한 태도는 일경의 증오를 사서 전후 3시간이 넘는, 차고 짓밟고 때리고 하는 포악한 악형에도 입을 다물고 또 한마디의 신음도 아니히여 일경으로 하여금 미움 속에서도 놀라게 했다. 이러한 사실이 널리 유포되어 이야깃거리가 되었고, 그 후에도 여러 번 잡혀 다녔으나, 일제는 그 후 그에게는 심한 고문을 하지 않게 되었다. 이때 등뼈에 심한 타박상을 입어 장년의 고질이 되었다. (장남 성용 씨의 수기)

민세는 도쿄조선교회에서 세례를 받은 이래 옥중 생활을 통해 기독교 신앙을 굳혀가며 많은 독서를 한다. 그는 청년터키당을 본뜬 대한청년단을 조직하는 한편 동아일보사를 발기하려다 구금된 것이다.

출옥한 지 2년 후 민세는 1924년 최남선과 《시대일보》를 창간하여 논설위원 및 이사에 취임한다. 이듬해 《시대일보》가 경영난에 빠지자 이해 9월 신석우, 김동성, 백관수 등과 조선일보사를 인수 경영, 월남 이상재를 사장으로 하고 주필에 취임하며, 뒤이어 사장 겸 주필로 항일언론에 앞장선다.

본래 유복하던 가산을 정리하여 신문사에 몽땅 바쳐, 직원들의 밀린 봉급을 주게 하여 어머니가 우시는 것도 보았지요. 부친의 생활은 아주 소탈해서 돈이 귀한 줄을 알라고 가르치셨지요. 옥살이하느라고 저를 어려서 귀여워해주지 못했다고 자라서도 안아주셨으나 그 깔깔한 수염이 싫었지요. 고명딸이라 겸상도 잘 해주셨지요. 담배와 술은 안 하시고 대식가이시고, 고기를 좋아하셔서 감옥에 계실 때 어느 분이 사식으로 고깃덩어리를 들여와 맛있게 먹었으나, 나와서 끝내 그분을 찾을 수 없다고 하시더군요. 토마토를 즐겨 드셨고 글을 참 많이 쓰셨어요. 밤새워 집필을 자주 하셨고요. 꽃 가꾸기를 좋아하고 친구들의 그림이나 글씨를 표구하여 액자로 걸어놓으시고, 여름밤에 별 쳐다보기를 즐기셨지요. 천기도까지 사다 놓으셨고, 저도 함께 별 보던 추억이 떠오릅니다. 정인보, 백관수, 한기악 씨 등과 가깝게 지내 저도 어려서 그분들의 자제들과도 놀곤 했지요. (딸 서용 씨)

민세와 함께 일한 적이 있는 유광열(《한국일보》논설위원 역임) 씨는 『기자 반세기』에서 이렇게 민세관을 펼치고 있다.

필자가 그를 만나기는 1920년에 대구지방법원에서 그가 청년외교단사건으로 심리를 받을 때의 일이다. 출옥 후 기자로 발을 들여놓은 것이 1924년 3월 31일에 육당 최남선 선생이 창간한 《시대일보》의 논설기자로 출발한 것이다. … 《시대일보》가 재정이 어려워지자 사원이 경영진 반대운동을 일으켰는데 민세도 동조했었다. 그해 9월에 《동아일보》에서 나온 이상협과 신석우 씨가 《조선일보》 판권을 송병준에게서 사서 이상재 선생을 사장으로 추대하고 신문을 개혁할 때에 논설기자로 들어왔다. 이틀이 멀다 하고 사설을 압수당하면서도 꿋꿋하게 주장을 굽히지 않았다. 하와이에서 무정부주의자로 살인혐의로 사형당한 사코벤데티의 구명운동이 세계적으로 일어났을 때의 사설 「제국의 몰락」이란 글은 누가 보든지 장강대하 같은 명문이었다.

유광열의 민세관은 이렇게 이어진다.

전등불도 희미한 견지동 조선일보사 2층 편집실에서 밤 깊게 모든 기자들에게 둘러싸여 앉아서 경찰의 구속을 대기하던 날 밤의 민세의 얼굴은 참으로 쓸쓸했었다.

"미안합니다. 나 한 사람의 잘못(?)으로 여러분들이 영향을 입게 되어서…" 사과 아닌 사과를 했었다.

그는 신문사 필화 이외에도 감옥을 자기 집 사랑방같이 드나들어서 태평양전쟁 때에 조선어학회사건으로, 또 군관독립군학교 입학 희망자를 해외에 소개한 것으로 입옥한 것을 합치면 아홉 차례나 옥살이를 했다고 한다. 그 후 《조선일보》 사장이 된 적도 있으나 재정난은 여전했었다. 월급은 아예 받을 생각도 아니하고, 사원들의 고생은 자심했었다. 집필실에서 사설을 집필하면 그는 급사에게 "애, 시장하여 못 견디겠다" 하면서 미숫가루와 설탕을 꺼내서 물에 타 오라 하여 마시면서 쓰는 때도 있었다.

1926년 12월 의열단 청년 나석주가 식산은행과 동양척식회사에 폭탄을 던지고 자결하자 《조선일보》 주필 민세는 경찰 조사 대상 제1호가 됐다. 나석주는 행동 개시 전 《조선일보》에 거사를 예고하는 글을 보냈고, 일제는 이를 문제 삼아 신문을 압수하고 간부들을 소환했다.

민세는 조사를 받으면서도 기개를 꺾지 않았다. 그를 직접 심문했던 종로경찰서장 모리는 민세를 '범 같은 놈'이라며 "그놈이 있는 이상 서장 노릇도 못 해먹겠다"고 혀를 내둘렀다. 이전에 민세를 심문했던 일본군 헌병 대좌 아리카미츠도요는 "도대체 조선의 안 씨들은 못마땅하다. 안중근, 안명근, 안창호, 안재홍…"이라 중얼거렸다 한다.

1924년 지면 혁신으로 독자의 관심을 집중시킨 《조선일보》의 다음 과제는 신문의 내용을 질적으로 전환시키는 것이었다. 이는 신문의 사시(社是)와 논조에 관계된 일이었고, 안재홍, 김준연, 이관구, 신일용 등 당대의 논객들이 이 과제를 떠맡았다.

이 중에서도 민세는 대표적인 논객이었다. 《시대일보》 논설위원을 지낸 그는 《혁신 조선일보》의 주필로 초대됐다. 이후 발행인, 부사장, 사장을 거치면서 그는 약 8년간 《조선일보》에 재직했다. 이 기간 동안 사설 980여 편, 시평 470편 등 1450여 편에 이르는 글을 쓰면서 네 차례에 걸쳐 1년 이상 옥고를 치렀다. 수감 일수를 빼면 평균 열흘에 7편의 글을 쓴 셈이다. 그는 필화 외에도 각종 시국 강연이나 신간회를 비롯한 사회운동으로 일제강점기 언론인 중 가장 많은 옥고를 치렀다.

그가 쓴 논설과 시평은 압수와 게재 금지를 당하기 일쑤였다. 벌금형을 받거나 구속되는 때도 많았다. 대표적인 글이 1928년 5월 9일자 사설 「제남사변(濟南事變)의 벽상관(壁上觀)」이다. 그는 이 글에서 외국의 사례를 인용해 일본의 산동(山東) 출병을 비판했다. 제남사변은 일본이 중국 장개석 국민군을 견제하기 위해 군대를 보내 산동성 제남에서 벌인 전투를 말한다. 벽상관우 『사기(史記)』에 나오는 말로 '정세를 중립적으로 관망한다'는 뜻이다. (『조선일보 사람들』)

민세는 압수나 정간을 막고자 최대한 우회적인 표현을 썼으나 총독부는 "국민으로 하여금 출병의 진의를 오해케 하고 국위를 중외(中外, 나라 안팎)에 훼손케 하려는 비국민적 집필"이라며 그를 구속했다. 민세는 징역 8개월을 선고받았고, 《조선일보》는 무기정간 처분을 받아 133일간 신문을 내지 못했다.

민세를 비롯한 당시 《조선일보》 간부들은 좌우 진영의 연합체인 신간회를 주도하고 있었다. 일제는 민세를 구속하고 《조선일보》를 정간시켜 신간회와 《조선일보》의 관계를 끊으려고 했다.

민세는 동서고금을 아우르는 깊은 지식을 바탕으로 논지를 폈다.

그의 독특한 문체는 '민세체'라고 일컬어졌다. 원고를 쓰다 막힐 때면 버럭 소리를 지르곤 했는데, 이는 감옥에서 얻은 울화증 때문이었다. 대구감옥에 있을 때는 무릎병도 얻었다.

민세는 대단한 속필이었다. 손님이 찾아오면 양해를 구하고 대화를 나누면서 글을 썼다. 1920년대 후반 《조선일보》 논설반 주간을 지낸 이관구 씨는 "민세는 단숨의 필력으로 써 사설 한 편을 웅장대담하게 반 시간 안팎으로 갈겨 써놓는다"(《월간조선》, 1985년 4월)고 회고했다.

민세는 1931년 7월 신석우에 이어 《조선일보》 사장에 취임한다. 그는 사장을 맡으면서 '1400만 문맹을 깨우치는 대중문화운동인 문자보급운동을 한 7년 잡고 매년 대대적으로 진행하겠다'는 포부를 밝혔다. 그는 《조선일보》의 경영이 어려워지자 고향의 논밭을 팔아 신문사의 빚을 갚고 직원들의 밀린 봉급을 지급했다.

민세는 조선 독립의 희망을 지펴온 민족애국지사였다. 경성지방법원 검사국은 그를 '수단과 방법을 가리지 않는 직업적 혁명 운동자'로 규정하며, "민족주의 선전·선동을 함으로써 조선민족 독립의 필연성을 고취하여 조선 민족으로 하여금 자발적인 독립운동을 하도록 상시 집요하고 불온언동을 일삼는 악당이다"라고 했다.

민세는 광복 후 건국준비위원회 부위원장을 맡았다. 하지만 건준이 좌익으로 흐르자 탈퇴하고 《한성일보》를 창간했다. 1947년 미군정하에서 한국인 최고책임자인 민정장관에 임명되어 과도기 행정 정착화에 힘썼다. 1950년 제2대 국회의원에 당선됐으나 6·25전쟁 중 납북됐다. 평양방송은 1965년 3월 1일 그가 평양 시내 한 병원에서 75세를 일기로 별세했다고 보도했다. 정부는 1989년 그에게 건국공로훈장을 추서했다.

08

외솔 최현배
3대까지 이어진 우리말에 대한 연구 정신

외솔 최현배(崔鉉培)는 우리말과 글을 바로잡기 위해 평생을 바쳐온 우리말과 글의 수호자이다. 한글만을 위해 살아온 외솔은 갔으나, 자라나는 한글 세대들이 외솔의 분신으로 길이 남아 민족의 얼을 키우고 지키면서 이 땅에 영생할 것이다. 한글학회운동을 주축 삼아 그가 펼친 민족 독립에의 레지스탕스는 3·1'운동'으로 집약된다. '말과 글과 민족 얼을 삼위일체로 지키면서 키워간다'는 것이 그의 지론이다.

그의 저서 체계가 『우리말본』, 『한글갈』, 『글자의 혁명』 등 순수 학술 서적 외에도 애국열을 불태운 『조선민족 갱생의 도』, 『나라사랑의 길』 등 선각자의 저술로 배색되고 있음도 그 때문이다.

1920년 《동아일보》에 실린 『조선민족 갱생의 도』에서 그의 피 끓는 겨레 사랑의 정열을 읽을 수 있다. 이 글은 우리 겨레가 독립국민으로서 되살아나기 위해 걸어야 할 길을, 겨레의 근본적인 결함을 파헤치면서 우리 겨레의 나아갈 길을 명확히 제시하여 주목을 받았다.

그는 이 글의 머리말에서 이 우주의 모든 것은 쉴 사이 없이 바뀌어 가고 있으나, 그 가운데에서도 바뀌지 않는 것이 있으니, 그것은 우주의 모든 사물은 그 자체를 항상 능동적으로 창조하며 발전시켜나간다는 사실이다. 이것은 우주를 지배하는 진리로, 철학자들은 '리(理)'라든지, 혹은 '도(道)'라 하고 있다고 말했는데, 그는 이것을 '살름'이라 불렀다.

이러한 발전으로서의 살름이 가장 능동적으로 이뤄지는 주체는 사람인데, 그러므로 사람은 쉴 새 없이 자기 자신을 창조하고 발전시켜나가지 않고서는 같은 무리 사이에서 뒤떨어질 수밖에 없게 되는 것임은 당연한 이치다.

우리가 지금 이렇게 남의 종노릇을 하고 있는 것은 우리가 우리 자신을 창조적으로 발전시키지 못한 것, 곧 우리가 우리 자신의 살름을 끊임없이 발전시키는 끈기와 생기(살름을 추구하는 의욕)가 모자랐기 때문이라는 것이다.

외솔은 1894년 10월 19일 경남 울산군 하상면 동리에서 시골 선비 최병수의 맏아들로 태어났다. 외솔의 24대 선조가 신라의 빼어난 선비 고운 최치원, 선비의 혈맥으로 외솔에까지 이어지고 있다.

외솔은 14세 때까지 동네 서당에서 한문을 익히는데, 어린 시절의 이야기는 이렇게 전해지고 있다.

여섯 살 되던 해에 선생님의 부친께서 선생님의 형제를 한 등에 업으시고 서당에 데려다주셨습니다. 선생님이 일곱 살 되시던 해에 부친께서 돌아가시매, 홀어머니 슬하에서 자라면서 학업에 열중하셨습니다. 이때 동네 어른들에게 총명하다는 칭찬을 받았습니다. 열두 살 되던 해에 동네 어른들이 사랑에 모여 두는 바둑을 구경하시며 이를 익혀 바둑을 잘 두신다는 소문이 퍼지자 이웃 동네 서당에서 바둑 시합을 걸어왔는데, 선생님이 언제나 대표로 뽑혀 나가셨습니다. (「외솔 최현배 선생님의 전기」, 최근학, 《나라사랑》 1집)

한학을 공부하던 외솔은 1907년부터 3년간 일신학교에서 신식 교육에 접하며, 1910년 상경하여 한성고보(지금의 경기고)에 다니는 동안 주시경의 조선어강습소에서 한글과 말본을 배우면서 한글학자로서의 기초를 다진다.

서당을 다니시던 아버지가 일신보통학교에 서당 선생과 함께 입학했다고 해요. 나라가 망하니 앞으로 인재 양성을 해야겠다고 두 분이 약속하셨다고 해요. 보통학교를 마치자마자 나귀를 타고 상경하여 한성고보에 입학하셨는데, 그때 경쟁률이 20 대 1이었다던가···. 이때 주시경 선생님의 야학이며 강연회에 쫓아다니시며 그분의 영향을 받아 한글을 익혔다고 해요.

4남 철해 씨가 꺼내 보이는 주시경의 조선어강습소 수료증은 '맛힌 보람'으로 씌어 있었고, 난데(출생지), 난때(생일) 등 순한글로 표기되어 있었다.

외솔은 1915년 일본에 유학하여 히로시마 고등사범학교를 졸업하고 1919년 귀국히여 고향에 내려가 조선인 상권 확보를 위한 공동상회를 설립하며, 이듬해 동래고보 교원으로 근무한다.

당시 한성고보를 나오면 군수 한 자리는 보장되던 시절, 아버지는 관비 유학생으로 교육의 길을 택해 사범학교로 가신 것이지요. 귀국하셔서는 총독부가 관리하는 관립학교에서는 안 가르친다고 물려받은 논을 팔아 월사금을 모두 갚아버리시고, 사립학교인 동래고보로 내려가신 것이지요. 아버지께서 돌아가신 후 동래고보의 추도식에 참석했더니, 어느 노인이 저를 붙들고 이렇게 말씀하셔요. "우리 집안은 자네 선친 때문에 일제강점기 때 갖은 고초를 겪고 풍비박산되었네. 하지만 자네 선친 덕분에 후손들이 아무 부끄럼 없이 떳떳이 살고 있네." 아마 당시의 아버지는 애국혼을 고취하는 항일 교육에 힘쓰신 모양입니다. (4남 철해 씨)

당시 동래고보 제자 추월영(부산고교 교장 역임) 씨는 외솔을 이렇게 회상했다.

수업 시간 중의 선생의 모습이 심히 가슴에 떠올랐다. 열렬히 불타던 그 정열. 너무나 진지하시기에 일호의 방심도 할 수 없었고, 태만을 용서하지도 않으셨고, 때로는 열화 같은 격려를 내리시기도 했고, 자주는 아니었지만 답답함을 느낄 때는 책을 높이 쳐들고 손을 떠시면서 이마에 땀이 배고 푸른 심줄이 나타남을 볼 수 있었다. 당시의 학생 가운데 교직에 몸을 던져 생애를 온통 그 길에 바친 사람이 많고, 그 가운데에서 전국적으로 저명한 교육자가 많이 배출되었음은 결코 우연이 아니고, 선생의 지성과 성실의 거름이 열매를 맺게 했음으로 짐작하게 된다. 선생님은 일요일이나 공휴일에는 따르는 학생 수십 명과 같이 근교에 있는 명산대찰을 거의 빠짐없이 답사하셨는데, 대자연 가운데서 호연지기를 기르게 하고 무언중 마음의 심층에서 우러나오는 감응을 일깨워주셨다고 생각

한다. (《나라사랑》, 외솔회)

동래고보에서 2년간 교편을 잡던 외솔은 1922년 다시 일본으로 건너가 교토제대 문학부 철학과와 대학원을 수료하고, 33세 때 1926년 연희전문 교수로 12년간 재직하다가 1938년 흥업구락부사건으로 강제 사직당한다.

영생(함흥), 송도(경기), 고창(전북)과 함께 당시 전국 4대 사립으로 꼽히던 동래고보의 민족주의 전통을 아버지가 재직하신 2년 동안에 세우셨다고 당시 학생들이나 교사들이 말하고 있지요. 그러나 아버지께서는 고보 교육이 배우는 당사자들에게만 영향을 주는, 너무 좁은 범위로 한정된다고 생각하여 교토제대에서 더 공부하기로 했다고 하셔요. 그때만 해도 일본 제대 대학원 졸업생이 몇 됐나요? 당시 중추원에서 200원 줄 테니 오라는 것을 뿌리치고 60원 주는 연희전문으로 가셨다고 해요. 만주사변이 터지고 일제의 사슬이 더욱 조여지자 역시 민족을 지키는 길은 우리말과 글을 살려가는 것이라고 하여 한글을 키우시고 연구하는 데 더욱 몰두하신 것이지요. (4남 철해 씨)

이즈음 외솔은 『조선민족 갱생의 도』를 지어 민족혼을 살리는 비전을 펼치며, 한글 연구의 체계를 다듬은 『한글갈』을 펴낸다.

금년에는 산답(山畓) 한자리, 명년에는 야답(野畓) 한자리. 차점(次漸) 차점 영영 돌이오지 못할 악랄한 외인 자본가의 손에 팔아 던져가면서 사치에 진력하는 인종이 이 세상에 다시 없을 듯하다. 국민의 사치가 고금을 통하여 망국의 일인(一因)인 것은 명백한 사실이다. … 언어란 것은 그 민족의 정신적 산물이다. 그러므로 각 민족의 정신적 특성이 서로 다름에 따라 그 말이 또한 같지 아니하다. 민족의 정신 활동은 그 특유의 언어를 낳고, 그 언어는 그 민족의 정신을 도야하며, 민족감(民族感)을 공고히 결합하는 것이다. (『조선민족 갱생의 도』)

우리 민족의 병폐와 그것을 고치려는 방법은 21세기에 사는 지금도 거의 그대로인 셈이다. 요즘도 우리 사회에는 이 병폐를 고치자는 외침이 일어나고 있으나, 대개는 추상적인 부르짖음에 지나지 않는 데 비해 외솔은 아주 구체적이며 실행 가능한 방법을 제시하고 있으니, 지금 우리는 이 글을 다시 읽을 필요가 있음을 절실히 느낀다.

우리가 다시 살아나기 위해서는 무엇보다도 먼저 우리의 고유문화를 떨쳐 일으켜야 하는데, 외솔은 그 한 방법으로서 한글의 보급과 연구, 우리말 적는 법의 연구와 정리, 우리말의 소리와 말본의 연구, 사전 편찬의 일 등을 들고 있다.

최현배는 어릴 때부터 한글학자 주시경의 가르침을 받았다. 그리하여 주시경의 나라 사랑의 정신과 그 학문에 깊은 감명을 받았다. 1908년 한글학회가 국어연구학회라는 이름으로 만들어졌을 때 최현배는 어린 나이로 이에 관여하였고, 두 번의 일본 유학을 마치고 돌아와서 연희전문학교의 교수가 되고 난 뒤로는, 한글학회를 중심으로 하여 그의 이상을 이뤄내는 데 심혈을 기울였다.

최현배는 이러한 모임 활동을 하는 한편 개인의 연구 생활에도 전념하여 우리 국어학의 역사에 길이 남을 저서들을 남겼다. 그중 가장 큰 업적은 『우리말본』과 『한글갈』이다.

『우리말본』은 1937년에 나온 뒤 지금까지 그 자료의 풍부함에서나 그 체계의 정연함에 있어서 이를 따를 만한 저서를 우리는 아직 가지지 못한, 우리 국어의 역사상 금자탑이다. 또『한글갈』은 두 번 옥고(1938년에 한 번 옥고를 치렀고, 1942년에서 광복될 때까지 두 번째 옥고를 치렀다)를 치른 사이에 쓰인 것인데, 한글에 관한 모든 문제에 대한 연구 체계를 세운 최초의 명저다. (허웅, 연세대 교수·한글학회이사장 역임)

외솔은 우리 겨레의 역사적 병폐의 가장 큰 것으로 우리 과거의 지각없는 교육을 들고 있다. 그리하여 그는 한자를 섞지 말기를 주장하고 실천하며, 나아가서는 근본적으로 나라를 건지는 교육방법을 이론적으로 체계를 세우고 실천하는 데 있는 힘을 다 쏟았다.

『조선민족 갱생의 도』는 우리가 오늘을 사는 지혜를 가르쳐주는 중요한 지침서이고, 『우리말본』과 『한글갈』은 국어학을 공부하는 사람들이 반드시 거쳐야 할 관문이고, 『한글의 바른길』, 『나라 건지는 교육』 등 저서는 오늘날 우리말과 글 문제를 해결하는 데 없어서는 안 될 성경과 같은 책들이다.

외솔은 1942년 이른바 조선어학회사건에 연루되어 3년간 갖은 옥고를 치르다 8·15해방을 맞아 석방된다.

아무개는 이렇게 대답했는데 너는 왜 다르냐는 식으로 끝마감에 가서는 난장질, 즉 주먹질, 발길질, 욕설 등은 물론 죽도나 목총이나 손에 잡히는 대로 들어서 후려갈긴다. 때로는 부서진 걸상이나 책상다리라도 들고서 사매질한다. 일례를 들면 최현배 선생은 이와 같이 매를 맞을 때에 목총이 댕경댕경 부러져 달아났다. (옥중동지 이서린 씨의 술회, 《나라사랑》 1집)

광복 후 외솔은 조선어학회 상무이사로 취임하며 미군정청 문교부 편수국장에 재직하여 교과서 편찬 일을 맡는다.

해방 후 감옥에서 나오시자 교과서 만드는 것이 제일 급선무라고 하시면서 우선 국 아래 편수과장에 취임하여 손진태, 이병기, 황의돈, 장지영 선생님을 편수관으로 잡아(?) 앉히셨지요. 당시 추석 때 관철동 여관에 계시는 황 선생님에게 '쌀 한 가마니를 가져다 드리라'고 하셔 심부름 간 일도 생각납니다. 그때『한글 첫걸음』,『국사 첫걸음』등 교과서를 이분들과 함께 오대산에 가서 집필하셨지요. "왜놈 밑에서 살아남아 내 나라 사람을 위해 아침에 깨어나 밤중에 별을 볼 때까지 교과서를 만들게 하신 것을 나는 하느님께 감사한다"고 그때 읊조리시곤 했는데 바로 그 내용이 국정교과서에 나와 있더군요. 이때의 벼슬이 그분 생애의 처음이자 마지막이었지요. (4남 철해 씨)

외솔은 1970년 3월 23일 세브란스병원에서 77세를 일기로 별세하여, 경기도 양주군 진접면 장현리에 안장된다. 외솔의 인간상이 얼마나 곧고 맑고 다정다감했던지는 그의 별세 기사에도 잘 나타나 있다.

6·25전쟁 중 모두가 피난길에 급급했던 때도, 외솔은 한글대사전의 원고와 자료 분실을 걱정하여 한글학회 지하실에 숨어, 이를 고스란히 지키기도 했다. 자그마하고 깡마른 체구에 경상도 악센트의 깡깡한 낮은 목소리는 외솔의 고집스러움을 그대로 잘 나타낸다. 해방 후 미군정청 편수국장으로 근무할 때나 그 후 연세대 교수, 부총장을 지내면서도 동료 직원들의 출근길이 1초, 2초 늦어도 아주 못마땅해하고, 사진 한 장

쓰는 데도 공용의 종이 한 장 일절 손대지 않았고, 집무 시간에는 신문
도 읽지 않는 깔끔한 성격을 지녔다. 너무나도 외진 그의 성격은 이른바
말본, 말씨 논쟁으로 이희승, 이숭녕 씨 등과 학설상의 격론을 벌이기도
했는데, 학문을 떠나 평상시 만나면 언제 그랬느냐는 듯 아주 다정했다.

《조선일보》, 1970년 3월 24일)

일제하 연희전문 문과생 최영해는 입학 때부터 학생들의 주목을
받았다. 담임 교수인 국어학자 최현배가 그의 아버지였기 때문이다.
1938년 학교를 졸업한 최영해는《조선일보》교정부 기자로 입사했다.
원래 부친의 뒤를 이어 국어학자가 되고 싶었으나 후배로 입학한 허웅
이 부친의 뒤를 이을 만한 자질을 자신보다 더 많이 가지고 있다고 판
단한 것이다. 훗날 허웅은 주시경, 최현배를 잇는 국어학계의 거목으
로 성장한다.

《조선일보》는 1926년 한글날이 제정된 이래 1937년 중일전쟁으로 일제
가 국어로서의 일본어를 강요하기 전까지 매년 한글날 관련 기사를 대
서특필했다. 1933년 한글날에는 1면에 '우리 명칭 한글날'이라고 붓으로
쓴 문구를 크게 써넣고 '한글날'이란 제목으로 한자를 전혀 쓰지 않은 우
리말 사설을 실었다.
최현배는 매년 한글날마다 신문 지면에 글을 기고했다. 다른 국어학자들
과 함께《조선일보》주최 좌담회에 참석해 신문도 가로쓰기를 해야 한
다는 제안을 하기도 했다. 최영해는 교정부 기자만을 고집했다. 아버지
의 뜻을 잇고 싶기도 했지만 일제에 순종하는 글을 쓰는 일은 견딜 수 없
어 취재기자를 거부했기 때문이다. … 최영해는 아버지뿐 아니라 이희승

등 조선어학회사건으로 수감된 사람들 모두를 뒷바라지했다. 최현배와 함께 투옥된 장지영은 최영해의 양정고보 담임 선생이기도 했다. 그는 광복이 되자 열차 한 칸을 통째로 세내어 최현배와 함께 모두 서울로 모시고 왔다. (『조선일보 사람들』)

최영해는 《조선일보》 폐간 후 조광사 기자로 활동하면서 방응모 사장의 배려로 《조선일보》 사옥의 빈 창고를 언어 출판사 정음사를 운영했다. 광복 후 그는 본격적으로 정음사 경영에 나서 역사와 한글에 관한 책을 중점적으로 출판했다. 또 최영해의 아들인 고려대 화학과 교수 최동식은 두벌식 타자기인 외솔타자기를 개발했다. 3대가 우리말 발전에 헌신한 집안이다.

일석 이희승

옥중 고문을 이겨내고 편찬 활동을 펼친 국어학자

일석(一石) 이희승(李熙昇)은 평생 한글을 지키고 키워온 국어학자다. 자그마한 체구, 온화한 표정, 단아한 선비의 전형으로 일석의 모습이 떠오른다. 아호 일석이나 별명 '대추씨'에 담긴 대로 그분의 삶은 지조 그 자체였다. 일제가 날조한 조선어학회사건으로 온갖 고문과 옥고를 치르면서도 일석은 우리 국어를 지켜냈다. 1960년 교수단 시위 때는 노구에도 불구하고 자유당 독재정권을 허무는 데 앞장섰다. 5·16군 사정변 뒤《동아일보》사장 때는 군정을 거부하고, 유신체제 아래서 는 민주회복국민회의의 고문으로 독재와 결연히 맞섰다. 또 1980년 대 5공 때도 시국선언에 앞장서는 등 일석의 생애는 정도(正道) 그 자체 였다.

아마도 일서이 가장 오래 몸담고 살았을 호젓하고 그윽한 느낌마저 주던, 서울 동숭동 교수사택 동네는 번화한 대학로의 한 축으로 변모

해 있었다. 그나마 일석의 사택이 있던 자리에는 6층 높이의 일석학술
재단 건물이 들어서 후예와 제자들이 그분의 유지(遺志)를 지키고 있
었다.

선친께서는 생전에 정리하고 남은 재산이 있으면 국어학 연구에 힘쓴 후
진들을 돕는 데 써달라고 저와 제자들에게 당부하셨지요. 그래 함께 모
여서 사시던 집터에 건물을 짓고 학술재단도 만들었지요. 6층에 자료실,
회의실 등을 마련해 저서, 일기장, 원고 등 유품들을 전시·보관하고 있으
며, 제가 5층에서 기거하고 있지요. 그동안 재단도 자리를 잡아가 매년
일석국어학상 시상을 하고 있으며, 또 젊은 세대를 대상으로 한 일석국
어학위논문상도 신설했습니다. (아들 교웅 씨)

일석은 1896년 6월 9일 경기도 광주군 의곡면 포일리(지금의 의왕시 포
일1동) 양지편 마을에서 태어났다. 일석은 다섯 살 때부터『천자문』에
이어『농몽선습』을 배우고 경서(經書)까지 마쳤다. 13세 때 결혼 후 곧
상경하여 관립한성외국어학교 영어부에 입학, 신익희(초대 국회의장), 정
구영(변호사, 민주공화당의장 역임) 등과 함께 공부했다. 이어 경성고보(현
경기고) 2학년에 편입했다가 일어를 모르는 학생들에게 차별대우가 심
해 3학년 1학기 때 자퇴한다.

이듬해 1912년 양정의숙에 입학했으나, 그 후 가세가 기울어 전 가
족이 낙향했다. 당시 겨울방학에 친척 학생의 교과서들을 빌려 보게
되었는데, 그중의 하나가 교재용 프린트물인 주시경의『국어문법』이
었다.

처음 호기심에서 읽어가는 동안 나는 '이런 학문도 있었구나' 하는 경이를 맛보았다. 재독, 삼독을 하고 5~6회를 거듭 읽는 동안 '나도 국어공부를 해야겠다'는 결심을 굳히게 되었다. 내 인생의 길은 이렇게 시작이 됐으니 참으로 기연이라 할 것이다. (『다시 태어나도 이 길을』, 이희승)

1916년 일석은 다시 상경하여 중앙학교 3학년에 편입했다. 당시 인촌 김성수가 학교를 경영하면서 학생들에게 민족의식을 일깨워주었다. 윤치영(초대 내무부장관)은 일석보다 한 학년 위였고, 동급생인 정문기·서항석·최순주 등은 후에 각 분야에서 크게 활동했던 분들이다. 일석은 1918년 평균 98점으로 1등 졸업을 했다. 졸업 후 희망란에 '언어학'이라고 써넣었으나, 선생님도 잘 모르는 분야라 '문학'으로 바꿔 적었다고 한다. 진학할 형편이 여의치 않아 일석은 인촌이 인수한 경성방직에 취직했다. 월급 15원(당시 히 숙비 6원)으로 괜찮은 편이어서 일석은 대학에 가겠다는 일념으로 숙직실에서 자취를 하면서 저축했다.

1925년 일석은 30세의 나이로 경성제대 법문학부 예과에 입학했다. 2년 후 일석은 조선어 문학부에 진학한다.

일석은 그 무렵 다섯 자가 될까 말까 하는 작은 키에 사각모자를 눌러쓰고 무거운 책가방을 든 채 동숭동 학부를 분주하게 들락날락했다. 그 무렵 문과 B의 학생 총수 50명 중 많아야 15명 정도밖에 되지 않았으므로 이들이 여러 학과로 분산되다 보니 어떤 과에는 한국인 학생이 한 사람도 없는 과도 있었다. 일석이 속한 조선문학과도 1회에 조윤제 한 사람뿐이고 2회에도 이희승 한사람…. (『한국언론인물사화』, 일석의 경성제대 후배 조용만)

일석은 1930년 경성제대를 졸업한 후 이듬해 조선어문학회를 창립하며, 1932년에 이화여전(현 이화여대) 교수로 취임한다. 조선어문학회는 조선어학회로 개칭하여 사전 편찬을 가장 중요한 업무로 선정한다. 그 선행 작업으로 맞춤법 통일안 제정을 위한 수정 작업을 하다가 일경에 정보가 새어 간사장인 일석이 경위서를 쓰기도 한다. 외래어 표기법도 1931년 정인섭, 이극로, 이희승 3명의 책임위원이 기초작업에 착수하여 최종안을 확정한 것이 1938년이었다. 이러한 일련의 우리말 다듬기 업적들은 우리말을 지키겠다는 뚜렷한 민족의식과 강한 의욕이 뒷받침된 것이다. 그러나 이즈음 일석의 살림 형편은 어려웠던 모양이다.

> 그때 우리는 서대문 밖 금화산 밑 동네에 살았는데, 아버지는 자주 늦게 들어오셨어요. 약주도 안 드시는 분이 아마도 요즘 식으로 하면 '과외 선생'을 하셨던 듯해요. 저는 일찍 잠자리에 들어 뵙기 힘들었으니까요. 월급쟁이 평범한 가정이었지요. 근검절약하셔 출판사에서 원고청탁서를 보내오면, 그 뒷면에 원고 구상을 깨알같이 쓰시기도 하고… 아마 나름대로 금전출납부도 작성하신 것 같아요. (아들 교웅 씨)

1942년 10월 일석은 조선어학회사건으로 피검되어 함남 홍원경찰서와 함흥형무소에서 3년간 복역한다. 일석은 조선어학회사건의 경위를 이렇게 밝히고 있다(『일석 이희승 딸깍발이 선비』).

1942년 8월 초순, 나진역 대합실에서 일본 유학생인 백병화를 일인 형사가 불심검문하였는데, 백씨가 일본말을 알면서도 조선말로 응답했다는 사소한 시비가 확대되어 조선인 형사 안정묵이 백씨의 가택을 수색하여 함흥 영생여학교에 다니는 백영옥 양의 일기장에서 "국어를 사용하는 자는 처벌하겠다"는 구절을 발견하고 이것을 꼬투리로 하여 사건을 확대시켰다.

1942년 9월 5일 조선어사전 편찬원 정태진이 그의 제자인 영생여학교 학생들의 증언으로 함흥 홍원경찰서에 불려가서 고문을 이기지 못하여, 조선어학회가 민족주의자의 단체로서 독립운동을 비밀리에 한다는 허위 자백서를 쓰게 된 것이 발단이 되어 그해 10월 1일 이중화, 장지영, 이극로, 최현배, 한징, 이윤재, 이희승, 정인승, 김윤경, 권승욱, 이석린 등 11명이 서울에서 구속되어, 경기도 경찰부와 종로경찰서 유치장에서 하룻밤을 새우고, 이튿날 함경남도 홍원으로 압송되었다. 그 가운데 이극로, 정인승, 권승욱 등 3명은 함흥에서 내리고, 나머지 8명은 홍원경찰서에 유치되었다.

그리고 10월 18일에는 이의식이 경남 의령에서 검거되고, 19일에 김법린이 동래에서 검거되고, 20일에는 정열모가 금성에서, 21일에는 이병기·이만규·이강래·김선기 등이 서울에서 검거되었고, 12월 23일에는 서승효·안재홍·이인·김양수·장현식·정인섭 등이 서울에서, 윤병호는 부산에서, 이은상이 전남 광양에서 각각 검거되었으며, 1943년 3월 5일에 김도연이, 6일에 서민호가 각각 서울에서 검거되어, 모두 홍원경찰서에 유치되었다. 이 밖에 권덕규와 안호상은 신병으로 검거되지는 않았다. 이와 같이 구속된 사람이 모두 29명이었다. 이 중에서 이극로·정인승·권승욱 등은 함흥에서 20일 동안 취조를 받다가 홍원으로 옮기고, 이인은 계속 함흥 경찰서에 구금되었다. 이들은 물 먹이기 등 갖은 악형을 다 당했다.

일제는 온갖 고문과 협박을 통해 조선어학회가 민족주의자들의 단체라는 억지 자백을 받고, 어학회 간부 회원 사전 편찬 지원자까지도 검거했다. 당시 고문에는 육전(陸戰), 해전(海戰), 공전(空戰)이 있었다고 한다.

육전이란 각목이나 목총이나 무엇이든 닥치는 대로 집어 아무 데나 마구 후려치는 것이었다. 목총이 뎅겅뎅겅 부러져 달아났고, 머리가 터져 피가 흘러내렸다. 처음 몇 대를 맞을 땐 견디기 어려울 정도로 고통스러웠지만 나중에는 별 감각이 없어진다. 그러면 그들은 해전이나 공전으로 들어간다. 기다란 나무 판대기 걸상에 반듯하게 뉘고 묶은 뒤에 커다란 주전자로 콧구멍에 물을 붓는 것이 이른바 해전인 것이다. 콧구멍으로 들어간 물은 기관을 따라 폐부에 스며들고, 입으로 들어간 물은 위로 들어가 삽시간에 만삭의 여자처럼 배가 불러지면 누구든지 기절하고 만다. 그러면 감방에다 처넣고 주사를 주고 약을 먹여 정신이 들면 공전에 내보낸다. 두 팔을 뒤로 묶어 팔 사이에 작대기를 지르고는 양쪽 끝을 밧줄로 묶어 전장에 달아맨다. 처음에는 발밑에 짚단을 괴어주지만 저들이 지어낸 물음에 '모른다'고 대답하면 짚단을 빼버린다. 그러고는 달아맨 두 줄을 마치 그네줄 꼬듯 한참 꼬았다간 풀어놓는다. 팔이 떨어져 나갈 듯한 고통과 심한 어지러움으로 누구든 10분도 못 되어 혀를 빼물고 기절을 하고 만다. (『다시 태어나도 이 길을』)

예심은 1944년 9월 30일에 종결되어 장지영·정영소는 면소되었고 이윤재·한징 등은 옥중 원혼이 됐다. 당시 함흥형무소에서는 270여 명의 동사자가 났다. 일석의 옥중기는 이어진다.

그해 겨울은 유난히도 추웠다. 게다가 전황이 날로 급박해져 가고 있었기 때문에 식량난 등 각종 물자난도 심해갔다. 귀리, 옥수수, 감자, 수수, 피, 기장 등 잡곡을 써서 뭉친 주먹밥으로, 혹은 썩은 콩깻묵 한 덩이씩으로 연명해야 하는 우리는 극도의 영양실조와 운동 부족으로 건강이 말이 아니었다. 많은 수인들이 죽어 나갔다. 한밤중 나막신 소리가 저벅저벅 울려오고 옆 감방 문이 덜컥 열리는 소리가 들린 뒤 다시 나막신 소리가 멀어져 가는 것은 예외 없이 기한(飢寒)으로 죽은 시체를 실어내는 것이었는데…. (『다시 태어나도 이 길을』)

이때 일석은 콩깻묵 주먹밥 한 덩이를, 밥풀 한 톨씩 백 번 씹어 허기와 설사로 희생된 동료와는 달리 생존이 가능했다고 한다. 어려서부터 약골이어서 늘 오래 씹는 습관이 그를 살린 셈이다. 당장의 허기를 극복했을 뿐 아니라 밥풀 한 알씩을 몰래 모아 성냥갑 크기로 뭉쳐 탈옥하게 될 때의 비상식량으로 만들기로 했다니 '빠삐용 작전'도 세웠던 셈이다.

1945년 1월 18일 함흥지방법원은 조선어학회사건으로 기소된 12명에 모두 유죄판결을 내려 이극로 징역 12년, 최현배 4년, 이희승 3년 6개월 등으로 선고되었다. 이들은 경성고등법원에 상고했으나 기각되었다. 이해 4월 중학 3학년 때 아들 교웅 씨는 함흥형무소로 면회를 갔다. 그때 초췌한 모습에 허름한 수의를 입고 계신 부친의 모습을 보니 눈물이 나더라고 했다.

8·15해방을 맞아 일석은 8월 17일 함흥형무소에서 출옥한다. 일석은 우선 조선어학회 회원들과 우리말사전 편찬을 서두르는 한편, 교과서 편찬에도 힘써『한글 첫걸음』,『초등국어교본』,『중등국어교본』등

7종의 교과서와 공민교과서를 낸다. 또 백낙준, 이상백, 이병도 등과 서울대학교 설립 작업도 벌여 1946년 10월에 서울대학교 문리대 교수에 취임한다.

6·25전쟁 때 미처 피난을 못 떠난 일석은 치질 칭병으로 겨우 납북을 면했고, 인민군 징집 신체검사에서 연령(55세)과 신체허약으로 불합격되기도 했다. 생계를 위해 한때 단팥죽 장사도 해야 했다. 부인과 며느리가 단팥죽을 만들었고 일석은 떡집에서 찹쌀떡을 받아 왔다. 10원을 주면 두 개씩을 더 주었고, 10원어치를 팔면 2원 남는 장사였다고 한다.

1960년 4월 3·15부정선거를 규탄하는 데모가 한창이던 때 일석은 교수단 데모에 참가했다. 그는 당시의 상황을 다음과 같이 술회하고 있다.

많은 피가 뿌려지고 계엄령이 내려진 가운데 '25일 상오 10시에 구내 교수회관에서 모이자'는 통지가 날아들었다. … 50~60명 정도의 교수들이 모였다. 좌중의 의견은 '학생의 피에 보답하자'는 쪽으로 쉽게 모아졌다. 의사표시 방법은 시국선언을 발표하는 것이었다. 그 자리에서 선언문 기초위원을 뽑았는데 나도 그중의 한 사람이었다. '학생의 피에 보답하라'는 플래카드를 만들었다. 의대 정문을 나서 가두행진을 시작한 것은 하오 늦게였다. (『다시 태어나도 이 길을』)

1961년 일석은 서울대학교 문리대 학장을 정년으로 퇴임하고 2년 후 1963년 8월 1일 《동아일보》 사장직을 맡는다. 전공과 관계가 없는 외도의 길이어서 계속 사양을 했으나 세 번이나 사람을 보내와 수락하게 됐다는 것이다. 일석의 대학 제자로 사장 비서 일을 했던 이종석 씨 (전《동아일보》논설주간)의 회고이다.

저는 그때 고교 선생으로 있다가 갑자기 부르셔서 모시게 됐지요. 대학 스승인 데다 원로이시고 깐깐하신 분이라 실수할까 봐 늘 조심스러웠지요. 교수하시던 분이 우리나라 대표적인 신문사를 어떻게 운영하실지… 솔직히 걱정도 됐고요. 하지만 선생은 매일 아침 논설회의를 직접 주재하는 등 예상을 뒤엎고 취임 벽두부터 친정 체제를 펴기 시작했지요. 경리부에서 올리는 재무관계 서류도 일일이 점검하셨는데, 젊은 시절 경성방직 경무과에 근무하신 실력도 발휘하신 셈이지요.
선생은 쿠데타로 정권을 탈취한 군사정부는 정통성이 없는 정부이므로 이에 대한 비판이나 반대를 위해《동아일보》가 앞장서야 한다는 것이었지요. 1965년 한일회담 반대로 정부와 맞섰을 때 선생께서 당시 김종필 중앙정보부장을 조선호텔에서 만나서는, 동아방송 출력 증강 건을 부탁해야 하는 자리였는데도… 김 부장이《동아일보》보도에 대해 항의하자 물러서지 않으셔요. 고성이 밖에까지 들려오고, 그렇게 신문을 지켜냈지요.

일석은 1971년 단국대 동양학연구소장에 취임하여 『한한(漢韓)대사전』을 편찬하며 현정회(顯正會) 이사장, 광복회 고문 등으로 활약하다 1989년 11월 27일 94세로 별세, 경기도 고양군 벽제면 분봉리 선영에 안장된다.

선친께서 생전에 국립묘지 애국자 묘역에 묻히는 것을 사양하셔 조촐히 가족장으로 모셨지요. "공것을 바라지 말며, 남에게 억울한 짓을 하지

말라. 아무리 걱정을 하여도 애당초부터 아무 효과도 없을 걱정은 하지

말라. 성실하라. 그리고 겸손하여라." 이런 가훈을 적어 남겨주셨지요.

(아들 교웅 씨)

10

애산 이인

한글 수호에 발 벗고 나섰던 혁명 변호사

　애산(愛山) 이인(李仁)은 일제강점기 변론을 통한 항일구국운동에 앞장섰던 '사상 변호사'이다. 그 스스로 조선어학회사건에 연루되어 1년간의 옥고를 견뎌낸 독립투사이기도 하다. 광복 후에는 대법관, 대법원장서리, 검찰총장, 법무부장관을 역임했다.

　애산은 한글학자는 아니었지만 일찍부터 조선어학회 회원으로 활동하였고 이 일로 옥고를 치렀다. 일제가 우리말과 글을 없애려고 탄압을 가중해오자 뜻있는 학자들이 우리말과 글을 연구하고, 이를 지키려고 애를 쓰는 가운데 1921년 12월 3일 조선어학회 창립을 보았다.

　애산도 당시 우리말과 글을 지켜야 한다는 역사적인 현실을 인식하고 있었기에 우리말의 법리와 철자법에 상당한 관심이 있었다. 애산은 1926년 조선어학회 회원이 되며, 어학회에서 맞춤법의 옳고 그름에 대해 설문하는 경우에는 빠짐없이 성의껏 응답을 하고, 아울러 자신의 의견을 내곤 했다.

어학회는 1935년 자매기관으로 조선기념도서출판관을 창설했다. 애산은 이희승, 이은상, 이극로, 최현배, 정인섭, 이윤재, 김윤경과 함께 이 출판관의 발기인이 되며, 출판관의 초대 관장을 맡았던 인촌 김성수가 6개월 후 사임한 뒤를 이어 관장이 된다. 애산은 첫 사업으로 김윤경의 『조선문학 및 어학사』를 출판하며, 그 출판비는 애산의 양친 회갑을 위해 마련해두었던 비용으로 충당했다.

애산은 민족의 수난 속에서는 우선 후진들을 제대로 키우는 것이 급선무라고 생각하여 교육사업에도 힘썼다. 1924년 동덕여학교 학감이던 이상수가 애산을 찾아와, 여학교를 창설하려 하나 마땅한 장소가 없다고 했다. 마침 이 무렵 보성고교가 이전하고 그 자리가 비어 있었다. 애산은 이 집을 50원에 빌려 이상수와 함께 경성실천여학교를 설립했다. 1926년에는 인력거꾼들을 위해 계동 산비탈에 조그마한 집을 빌려 글방을 차린 적도 있었다. 이에 감동한 고창환이 재산을 털어 오늘의 대동상업학교를 세우게 되었다.

구한말 참정대신을 지낸 한규설 선생께서 선친에게 별세하기 1년 전 1930년에 유언장 작성을 의뢰해 오셨대요. 그분의 재산은 1000석쯤 됐는데, 부친께서는 그중 3분의 1은 부채 정리에, 3분의 1은 가족 생활비로 남기고, 나머지는 교육사업에 쓰도록 권유하셨대요. 그 재산을 경성여상에 희사하여 오늘의 서울여상으로 이어지고 있는 것이지요. 바로 우리 아파트에 인접한 무악재에 자리 잡았었지요. (4남 이정 씨)

이즈음 애산은 고당 조만식의 맥을 이어 조선물산장려회 회장직을 맡아《신흥조선》이란 일간지도 발행하면서 국산품애용운동을 활발하게 벌인다. 1932년에는 김용관의 제의로 조선발명가협회를 창설하여 '과학입국'의 초석을 다진다. 이 밖에도 조선양서관 등을 설립하여 우리 문화의 연구와 조사, 저술, 출판 진흥에 힘썼다.

1942년 10월 조선어학회사건이 터져 애산도 12월 23일 새벽 경기도 경찰서로 끌려갔다. 그는 한글학자는 아니지만 그 회원으로 학회 비용을 지원해오다 연행되어 함흥경찰서로 이송되었다. 일제가 날조한 그의 죄상은 그동안의 교육, 문화, 학술 지원 등 모든 사회 활동을 엮은 것이었다. 브뤼셀에서 열린 전 세계 약소민족대회에 김법린을 파견한 것까지 포함시켰다. 일제의 고문은 처절했다.

형사들은 조금만 말이 엇갈리면 무조건 달려들어 마구 때리는데, 한 번 맞고 나면 한 보름씩 말을 못 했다. 이때 앞니 두 개가 빠지고 나머지 어금니는 온통 욱신거리고 흔들렸다. 몽둥이건, 죽도건, 손에 잡히는 대로 후려갈기니 양쪽 귓가가 찢어졌다. 한번은 엄지손가락을 뒤로 젖히는 바람에 엄지와 검지 손가락 사이가 쭉 찢어져 이후로 귀는 쪽박귀가 되고 손가락은 완전히 펼 수 없게 되었다. … 그중에서 견디기 어려웠던 것으로 '아시가제'라는 것과 비행기 태우기가 있었다. 사지를 묶은 사이로 목총을 가로질러 꿰 넣은 다음, 목총 양 끝을 천장에 매달아놓고 비틀거나 저며 돌게 하는 것이 비행기 타기다. 두 다리를 뻗은 채 앉혀놓고, 목총을 두 다리 사이에 넣어 비틀어대는 것이 '아시가제'라는 것이다. 이 두 가지 중에 더욱 괴로운 것이 '아시가제'로, 나는 이로 인해 평생 보행이 부자유스러울 만큼 다리를 상했던 것이다. (『애산 여적』)

애산은 1945년 1월 16일 함흥지법에서 징역 2년, 집행유예 4년을 선고받았다. 그러나 선고 전에 집행유예로 풀려나 경기도 양주에서 정양하다 해방을 맞는다.

애산은 1896년 10월 26일 대구 사일동(현 중구 동성동)에서 이종영과 연일 정씨 복희 사이에 장남으로 태어났다. 본관은 경주로, 그의 선조는 고려 중엽의 조선 주자학 개척자로 알려진 이익재이다. 대대로 경주 내산면에서 살아오다가 애산이 태어나기 60여 년 전 조부 대에 달성군 효목동으로 이주했다. 애산이 태어나기 바로 전해에 대구로 나와 살게 되었다.

> 애산의 조부 만당 이관준은 성리학자요, 서예가였고, 부친 학포 이종영은 시문과 서예로 일가를 이루었다. 학포는 이조 말기 국운이 기울어 감을 좌시할 수 없어서 일찍이 '자강회'와 '대한협회'의 중심인물로서 활약했고, 한때는 보성소학과 보성사, 보성관의 교주대리로서 이들 단체의 경영을 맡기도 했다. 그리고 나중에 보성전문의 경영까지 맡기도 했다.
>
> (『얼음장 밑에서도 물은 흘러』, 정범석)

애산의 부친은 일제 통감부와 헌병대의 수사를 자주 받는다. 또한 숙부 우재 이시영도 독립운동가로 계속 일경의 호된 추궁을 받곤 했다. 이분은 초대 부통령을 지낸 성재 이시영과 이름이 같고 또한 족친이므로, 독립운동가들은 서울의 '성재'를 '북시영', 대구의 '우재'를 '남시영'이라고 구별했다고 한다. 애산의 부친은 이준 열사와도 친교가 있어 그가 헤이그평화회의로 출발한 후 그 집안을 계속 돌봐주었다.

애산은 다섯 살 때부터 조부에게 사략, 통감, 사서삼경과 한시 작법을 배운다. 3년 후에는 신석우(《조선일보》 사장 역임)의 선친 신태휴가 설립한 달동 삼성소학교에 입학하여 신학문에 접한다. 그는 성적이 뛰어나 선생들이 신동이란 별호까지 붙여주었다고 한다.

> 이 학교에서 처음으로 익힌 것은 책 읽는 자세였다. 모두가 서당에서 책 읽던 대로 어른은 좌우로, 어린이는 상하로 몸을 흔드는 버릇이 남아 있어 선생은 학생들의 자세를 바로잡느라 애를 쓴 것이다. … 이 시절 어린 나이로 지금 생각해도 당돌했던 것은 치렁치렁 꼬아 내렸던 내 뒷머리를 부모와는 상의도 없이 잘라버린 것이었다. 내 생각에 머리를 깎고 다니는 사람들이 시원해 보이고 편해 보여서 나도 그리 했을 뿐인데…. (『애산 이인』, 최영의·김호일)

애산은 1913년 도쿄로 유학하여 세이소쿠(正則)중학에 입학한다. 부모 몰래 나와서 출판사의 교정 일로 학비를 마련한다. 이때까지도 집을 나올 때의 검은 두루마기 한복과 밀짚모자 차림 그대로였다. 이듬해 일본대학 법과 야간부에 입학하며, 이어 메이지대학 전문부 법과 2학년에 편입하여 낮과 밤으로 한꺼번에 두 대학을 다니게 된다. 애산이 법률을 전공하게 된 것은 일제의 질곡에 신음하는 동포를 위하고, 독립투사의 변호를 전담하는 등 합법적인 항일투쟁의 수단을 마련하기 위해서였다.

이즈음 애산은 일본의 인기 잡지였던 《제3제국》에 「조선인의 고청(苦情)을 세계에 호소한다」라는 논문을 기고하여 일제 총독정치가 착취와 기만으로 우리 민족을 노예화시키려는 포악성을 폭로했다. 그 때문에 이 잡지가 발매 금지됐음은 물론 애산도 일본 경시정에 매일 호출되어 가혹한 문초를 받았다. 당시 김성수, 안재홍, 장덕수, 유억겸, 신석우, 최남선, 서춘, 홍성하, 신익희, 변희용, 이광수 등 많은 분과 교유했다. 애산이라는 아호는 부친이 지어준 것이다. 애산이 방학 중에 일시 귀국했을 때 부친이 "옛글에 인자는 애산이요, 지자는 요수라 했으니 호를 '애산'이라 하라"고 했다.

그는 1917년 귀국 후 조선상업은행에서 근무하다가 곧 그만두고, 3·1운동 때는 숙부인 우재의 항일운동을 돕기도 한다. 이때 애산은 지도를 가지고 다니며 삼남의 유림들과 연락을 취하다가 일경에 잡혀 매를 맞았다. 그러다가 수배를 당하자 다시 도쿄로 건너갔다. 그곳 사법성에서 실시하는 일본 변호사시험에 27세 때 합격했다. 당시 일본 전국에서 4000명이 응시했으나 합격자는 70명이었고, 그중 한국인은 애산 혼자였다.

애산이 한국인 최연소자로서 변호사 사무실을 차린 것은 1923년 5월이었다. 이후 민족운동가, 독립지사들이 투옥된 이른바 '사상 사건'이면 발 벗고 무료변호에 나섰다.

1942년 일본의 소위 진주만 폭격 때까지 24~25년 동안 13도를 다니며 각 법정에서 일제 판검사와 대항해 싸웠으니 그 수는 무려 매년 80~90건, 모두 1500여 건에 달하며 사건 관련자만도 1만여 명이 되었다.

애산이 변호한 주요 사건은 의열단 제1·2사건, 신의주민족투쟁사건, 광주학생사건, 수양동우회사건, 송진우·안재홍·여운형·신일용 등 필화사건, 서울민중대회사건, 칠산혁명당사건, 원산노동쟁의사건, 형평사사건, 6·10만세사건, 수원고등학생사건, 대전신간회사건, 이동수의 이완용 암살계획사건, 사이토 총독 암살미수사건 등이다.

이런 일로 해서 애산은 세칭 '사상 변호사' 혹은 '혁명 변호사'로 명망을 쌓아 1931년에는 일인 변호사들과는 별도로 조직된 조선변호사협회의 회장이 되었다. 이해에 유명한 원산부두노동쟁의사건이 일어났다. 1000명의 부두노동자 대 일제 자본가의 노동쟁의가 달아올랐다. 그는 조선변협에서 이 사건의 조사위원으로 파견되었다. 원산에 도착한 그는 즉시 행동을 개시했다. 수천 명의 노동자들은 원산역 구내에서 농성하면서 그들의 정당한 노임을 요구했다. 그는 이들 앞에 나서 일제 자본가 타도를 절규하는 격려 연설을 한바탕 하여 박수갈채를 받았다.

> 인간이 산다는 것은 엄숙하고도 존귀한 것이다. 그러므로 누구도 우리의 생존권 보호를 침해할 수는 없다. … 우리 노동자들의 요구는 가장 당연할 뿐 아니라 누구라도 이를 거부할 수 없는 일이요, 만일 이를 막기 위해 인권유린이 있을 경우 전체 변호사들은 이를 묵과 않겠다. (『애산 여적』 제1집)

이 노동쟁의는 세계 여러 나라 노조에서 격려의 전문이 답지하는 등 굉장한 여론을 일으킨 사건이었다. 그는 변호사의 입장에서 많은 노동자의 투지를 북돋아주었으며, 일제의 인권유린을 통박했다. 그때부터 왜경은 그를 더욱 가열한 요시찰인으로 낙인찍었다.

이보다 앞서 애산은 1926년 6월에 광주지법에서 열린 형평사사건 공판에 김병로, 이창원 변호사 등과 함께 가서 변론했다. 이 사건은 특정 직업(백정)을 천시하는 계급타파 사상을 부르짖으며 민족해방운동을 벌이던 이 단체의 회원 600여 명이 검거되고, 이 중 40여 명이 구속된 사건이었다. 법정에서 기록을 뒤적이던 그는 피고인들의 조서가 모두 같은 날짜로 작성되어 있고, 한 경찰관이 하루에 작성할 수 있는 분량이 50장 정도인데도 850장까지 작성한 사실을 발견했다. 사건을 급히 날조하느라 기록을 고치도록 지시한 부정지까지 그대로 남겨놓기도 했다. 변호인단은 날조된 사건의 확증을 들이대 피고인들은 결국 모두 무죄선고를 받았다.

이듬해 여름 대구은행 파괴모의사건 공판 때는 일제의 고문 사실을 들이대 궁지로 몰아넣기도 했다. 이 사건은 상하이 임시정부의 독립운동 자금을 마련하기 위해 대구 조선은행의 금고를 깨뜨리려 했다는 것으로, 관련 피고인이 30여 명이나 되었다. 애산은 자리가 비좁아 피고인석 옆에 붙어 앉아 있던 중 피고인들의 몸에 이상한 상처 자국이 있는 것을 발견했다. 손가락 사이가 모두 반질반질한데 마치 종기를 앓고 나서 딱지가 떨어진 자리처럼 보였다. 목덜미에서 멍든 흔적이 있는 것을 보고, 한 피고인에게 꼬치꼬치 캐물으니 검사와 경찰관으로부터 모진 고문을 당했다고 실토했다. 애산은 공판 도중 일어나 '고문당한 사실이 분명하니 피고인들의 옷을 벗겨 점검해보자'고 재판부에 요구했다. 재판장은 공판을 계속하려 했으나 한 피고인이 용기를 내 웃옷을 훌렁 벗어버리자 다른 피고인들도 다투어 옷을 벗는 바람에 공판장은 순식간에 나체쇼장으로 돌변하고 말았다. 얼굴이 창백해진 검사는 휴정 후 애산에게 "눈감아주면 알아서 잘 처리해주겠다"고 사정했으나, 애산은 끝까지 고문 사실을 따지고 넘어가야 한다고 주장했다. 재판장의 중재로 가까스로 대폭 낮춰 2~7년을 구형했다.

애산은 8·15광복과 더불어 대법관이 되어 대법원장 직무대리를 역임하고, 이듬해 검찰총장이 된다. 1948년 정부 수립 때 초대 법무부장관으로 발탁되어 내각회의 의장으로 회의를 주관하는 등 많은 일을 하나, 이승만 대통령과의 불화로 퇴임한다. 이듬해 국회의원에 당선되어 반민특위위원장으로 활동한다.

1954년에 제3대 민의원에 당선되어 반독재투쟁을 벌인다. 1960년 4·19혁명이 터지자 애산은 각계 인사 68명과 함께 '이승만 대통령의 하야와 체포 학생 석방'을 요구하는 경고문을 발표한 뒤, 서상일과 함께 이를 내각에 전달하기도 한다. 그는 이어 참이원 의원에 당선된다. 5·16군사정변 후에는 야당 원로로서 야당 통합을 위해 힘쓰기도 한다. 또 유언을 통해 집을 포함한 전 재산을 한글학회에 기증하여 한글회관을 건립하게 한다.

애산은 1979년 4월 5일 서울 논현동 자택에서 별세, 사회장으로 경기도 화성군 남양면 북양리 선영에 안장된다.

11

횡보 염상섭
저항문학과 장편소설의 대가

일제하와 해방 후의 격동기에 부딪혀 반골 기질을 번득이며 소설, 평론, 수필 등 467편의 방대한 작품 속에 저항문학을 다진 횡보(橫步) 염상섭(廉想涉)은 저널리스트(《동아일보》 창간 동인)에 명정(酩酊)으로도 숱한 에피소드를 낳은 문호의 격을 갖춘 인물이다.

횡보 염상섭과 내가 처음 만난 것은 1923년 말 개벽사 주최 송년회 자리에서다. 내가 앉아 있던 자리가 《백조(白潮)》 동인들이 모여 앉은 요리상의 끝 좌석이었고 내 곁에 《폐허(廢墟)》 동인들의 좌석이 있었기 때문에 나는 바로 곁에 앉아 있는 횡보와 인사하기가 쉬웠다. 그때 그와 함께 앉아 있던 남궁벽, 황석우, 오상순, 김억, 김동인 등 제씨와도 인사를 했었다. 그때 근엄하고 고집 있고 의지가 강한 사람이란 인상을 받았으며, 그분을 만나기 전의 글에 대한 감상 역시 그런 것이었다. 그 후 1963년 그분이 작고하기까지 40년에 걸쳐 교분을 가져 《조선일보》와 《매일신보》에서 함께 기자 생활도 했다. 사적으로는 내가 그를 형님처럼 대하는 친근한 사이였으나, 문학작품의 경향이나 비판에 있어 피차 견해차가 있으면 서로 고집하고 양보하지 않았다.

한마디로 그분은 우리 근대문학을 수립한 공로자의 한 사람으로, 한국 중심주의 가정생활을 가장 섬세하게 묘사했고, 일제하 지식인의 고민을 예리하게 해부하고 여실히 폭로한 대표적 작가이다. ('내가 본 횡보 염상섭', 김팔봉·작가)

자유분방한 기질을 함축한 아호의 횡보는 1897년 8월 20일 서울 종로구 적선동 속칭 떡굴에서 의성, 가평 등지의 군수를 지낸 염규환(廉圭桓)의 8남매 중 3남으로 태어났다. 조부 염인식이 대한제국 중추원참의(내각의 자문위원)를 지냈고, 거슬러 올라 횡보의 18대 선조 염제신이 고려 공민왕의 고문을 맡았던 충신으로 영문하부사(지금의 국무총리)를 지냈고, 그 아들 염흥방 역시 삼사좌사(정2품 벼슬, 지금의 차관급)란 고관을 지내나 그의 종이 토지를 빼앗은 일이 우왕의 노염을 사 사형당하고 가산을 몰수당한 후 그의 처와 딸이 모두 종이 된다.

아버지께서는 가끔 술을 드신 후 집안 내력을 저에게 들려주시곤 했습니다. 고려 말에 충신을 지내다 그 아들 대에 잡혀 죽은 후 이조로 바뀌면서 집안의 씨앗이 마르고 벼슬도 할 수 없어 모두 낙향(지금의 파주군)해 죽 선비 생활을 했다고 하셨지요. (차남 재현 씨)

고교 시절 문예반에서 습작도 해보았지만 자신이 있어야지요. 대학(연세대)을 마칠 무렵 종교 학점을 죽어도 따기 싫어 영 졸업을 못 했지요. 1954년 말 《대한통신》에서 기자 생활을 시작하여 《합동통신》 시절이 제일 길었고 6개월마다 옮겨 다녔지요. … 이런 전직 근성도 아버지를 닮았는지(웃음)… 일개 신문기자로 아버님을 생각하니 그분의 어휘가 얼마나 풍부한지 알겠더군요. 그러면서 어떤 사상(事象)이 있을 때 어떻게 표현할 것이냐 하는 어휘를 선택하실 때 끙끙 앓다시피 애쓰시는 것을 보노라면 머리가 숙여지지요. 아버님 스스로도 50세가 되어서야 문학이 무엇인지 어렴풋이 잡혀지더라고 실토하시더군요. 아버님에 비하면 저 자신 능력도 없고 글 쓸 엄두가 통 나지 않습니다. (장남 재용 씨)

술을 마셔야 펜대가 제대로 미끄러진다고 하리만큼 재용 씨를 아는 언론계 동료들은 그의 주량이 아버지를 능가한다고 하는데, 막상 그의 모습 자체가 꼭 횡보를 그대로 섞어놓은 듯 닮은꼴이고 내어놓는 말 한마디 한마디가 어김없이 횡보의 그것처럼 소탈하면서도 비판 일변도이다.

아버지와는 꼭 한 번 대작한 적이 있지요. 1956년인가 《한국일보》 창간 1주년 때 장기영 사장이 양주 한 병을 보내오셨을 때, 제가 술 마시고 안 들어오곤 하니 아마 벼르고 계셨던지 "도대체 네가 어느 정도 술을 하냐"고 말씀하시면서 "어디 한잔하자"고 하시고서는 잔을 주셔 옆으로 돌아앉아 쭉 들이켰지요. 그러니까 "야 이놈 봐라. 보통 아닌데…" 하시면서 석 잔을 주셔 모두 받아 마셨지요. 아버지도 신문기자를 하시지 않았어요? 조선총독부 출입기자 시절 어느 연말에 기자실의 당신 책상 서랍 속에 일인 관리들이 소위 촌지를 집어넣은 모양인데 절대로 손을 안

대셨대요. 자유당 정권 때 호수그릴에서 열린 조병옥 박사 회갑연에 초청돼 가셔서는 일부 기자들의 행패를 목격하신 모양입니다. 그때 초청된 기자들이 거마비를 내놓으라고 조 박사의 비서와 법석을 부리던 현장을 보시고 오셔서는 '도대체 너희는 뭐냐. 후딱하면 소위 기자단 총회를 열고는 촌지를 받아 분배 착복하고… 그래 그게 인간의 할 짓이냐? 한 달 봉급만 받고 우물쭈물하는 것이 기자냐?'고 호통을 치시더군요. (장남 재용 씨)

횡보는 어려서 조부에게 한문을 배우다 1902년 9월 관립사범부속 보통학교에 취학하나 학풍이 맞지 않아 이해 겨울 보성소학교로 진학한다. 1962년 고려대 대학원에 입학하여 횡보의 『3대』를 읽고 횡보에 매료되어 그 후 줄곧 횡보 연구에 힘을 쏟고 있다는 김종균 씨(고려대 국문학과 강사)는 횡보의 어린 시절을 이렇게 떠올렸다(김 씨의 석사학위 논문이 「염상섭 소설의 연구」. 횡보 문학을 집대성한 그의 첫 역저 『염상섭 연구』가 고려대 출판부에서 1974년에 나왔다).

그때가 이토 히로부미가 내한할 때였는데, 횡보 선생이 재학하시던 관립학교에서는 이토 히로부미의 마중에 전교생을 동원하여 도열시키자 그분은 일부러 학교에 결석을 했대요. 담임 선생이 집으로 달려왔지만 뜻에 맞지 않는다고 안 다닌다고 했대요. 조선 역사도 안 가르치고 불평등스런 학교생활이 영 싫었다는 거예요. 그래 손병희 선생이 운영하는 보성소학교에 옮겨 가셨다는데 학교 건물도 형편없고 먼지가 풀썩풀썩 나는 데다 들쭉날쭉 나이 든 학생들이 많아 외부 환경은 먼저 학교만 못해도 참 좋았다는 거예요. 졸업하고 보성중학에 진학하셔서는 당시 개화주의자인 엄주한 선생(엄 씨의 조카 홍섭은 김구를 따라 독립운동)의 영향을 많이 받았다고 해요. 그리고 중국에서의 일제 세력 진출 상황을 익혔다더군요. 중학 시절 최제우 성지를 가는 도중 경주 시내를 활보하는 기상이 참 좋았다고 술회하시더군요.

부인 김영옥 씨가 전하는 횡보의 어린 시절이다.

시어머님 말씀이 어린 시절 빛깔이 성미에 맞지 않은 옷을 입히면 하루 종일 기둥에 비벼 꼭 꿰뜨리시곤 했대요. 이처럼 고집불통이라 처세가 따로 없고 옆에서 누가 뭐라든 나는 나대로 이렇게 살아간다는 식으로…. 아홉 살까지 조부님께 어린 손자들이 한자를 배우실 때 아침마다 차례로 강(講)하러 들어가 모두 외우고 나와 맛있는 것을 주셨는데 셋째 분(횡보)만 못 외고 나와 다른 형제들이 먹고 있는 것을 부럽게 바라보셨다고 하더군요.

일등을 하면 급장을 시키므로 귀찮아서 보통학교 시절 꼭 2등을 고수한 사실도 횡보다운 에피소드다.

그는 1911년 가을 보성중학을 중퇴하고 도일하며 이듬해 4월 도쿄 아자브 중학 2년에 편입되었다가 중도에 그만두고 미션스쿨인 성(聖)학원으로 옮아가 침례교 세례를 받는다.

학교를 하나 마치실 때마다 굉장한 곤경을 겪으셨지요. 처음 일어 공부를 안 한 것을 후회하셔서 하숙을 찾으시고는 사전을 외다시피 일어 공부를 열심히 하셨대요. 아자브 중학에 들어가 1학기만 배우고 학비가 모자라 쉬고 있는데 어느 학생 독지가가 나타나 성학원에 진학하지요. 이때 처음 여자를 알게 되었다는데 어려서 부모와 떨어져 살아 모정이 그리워서인지 2세 위인 벽안의 피아니스트(미국인과 일본인의 혼혈)와 사귀면서 성가대 합창단에 들어가서 그녀의 반주로 노래도 부르고 했대요. 미션스쿨인 이 학교에서도 그분은 교장 선생님이 담당한 수신 시험 답안지에 종교의 형식주의를 반박하는 글을 쓰셨으나 교장은 1년 지난 후 졸업 때에야 "너의 천부적 기질은 인정하나 종교는 역시 신앙"이라고 한마디 하시더래요. (김종규 씨)

성학원을 졸업한 횡보는 교토 제2부립중학에 편입학하여 1917년 졸업과 동시에 게이오대학 문학부에 입학하며 1919년 오사카 천왕사 공원에서 독립시위를 벌이다 5개월간 투옥되어 학업도 중단한다.

성학원 때의 독지가가 상업학교로 진학하라는 것을 거절하고 학비가 끊기자 교토에 있는 장형에게 내려가 열심히 공부하지요. 당시 교토중학은 일류교로서 많은 책을 볼 수 있었고, 교지도 편집하는 등 가장 안정된 학교생활을 누리셨대요. 그때 작문 시간에 「우리 집의 정원」이라고 한국의 설 풍경, 복조리 등을 묘사한 것이 우수작으로 뽑혀 교장 선생님이 800명 전교생 앞에서 읽은 후 수위까지 그분을 알아보고 경례를 하셨다는데, "내 지금 꼬락서니는 이렇지만, 지금 젊은이, 너는 도대체 뭐냐" 이렇게 저에게 솔직히 당신 자랑을 하시곤 했지요.

대학 예과 시절 3·1운동을 맞아 오사카 천왕사 공원에 교포를 집결시키려고 정문을 출입하다 붙잡히셨는데, 처음에는 일어 표준어가 정확해서 그냥 통과되었대요. 재판 과정에서 관선 변호사를 대는 것을 거절하시고 자기 변론을 하셨다는데… 조선에서 일인 교사까지도 칼을 차고 가르치는 위압 교육을 예시하면서 '우리의 독립 주장이 왜 부당하냐?'고 반문하자 노 재판장도 울고, 출감 시 '저 친구 법률 공부시키라'고 했으나 거절하셨대요. 출감 후 요코하마 복음인쇄소에 취직해서 일할 때 하숙집 문간에 형사가 늘 붙어 감시했대요. (장남 재용 씨와 김종균 씨)

대학 예과 시절 누나처럼 지낸 세 살 연상의 여인 나혜석(화가)과 사귀다 그녀가 모 재벌 아들과 약혼한다고 하자 심적 타격을 받기도 했고, 예과 1년을 마친 후 교토로 내려와 돈하홍의 지방 신문기자로 잠깐 근무하기도 했다. 김 씨의 조사에 의하면 횡보는 1919년 12월 《삼광》지(홍난파가 발행한 음악종합지) 2호에 첫 작품으로 평론을 써 황석우의 「상아탑」을 호평하고, 춘원 작품은 "한국의 천재는 사상이 없고 미끈한 껍데기 장식만으로 엮어졌다"고 악평하며, 다음 호에는 「삼광송(頌)」을 실어 활자화된 기쁨을 읊었다고 한다. 횡보는 이즈음 습작으로 일제의 한국 침탈 과정을 비유한 우화 소설 「선래묘(船來猫)」를 쓰기도 한다. 1920년 봄 귀국하여 《동아일보》 창간과 함께 정치부 기자로 근무한다.

《동아일보》 창간 당시 본사에서 아버지를 기자로 임명, 당시 일본의 저명한 정치인 사이토(齋藤實, 후에 조선총독 역임) 등을 인터뷰해 오라고 통지하여, 창간호 정치면을 모두 메웠지요. 당시 면식도 없는 정치부장 진학문 씨가, 아버지가 오사카 《아사히신문》에 쓰신 「조선 독립의 이유서(書)」를 보시고 부르신 것이지요. (장남 재용 씨)

《동아일보》근무 6개월이 못 되어 횡보는 "내 봉급이 어째 이 정도냐. 당신들이 나를 우습게 안다"면서 사표를 내고(이때 횡보의 월급은 50원, 소학교 교사는 월 12원), 이해 7월 동인지 《폐허》를 내며, 10월 정주의 오산학교 교원으로 가 이듬해 『표본실의 청개구리』를 《개벽》지에 발표한다. 작가가 메스를 들고 당대의 사회 실상을 분석해보려는 의도에서 중학교 선생의 개구리 해부 장면을 설정한 이 작품에 대해서는 자연주의냐, 사실주의냐로 아직껏 평론가의 의견이 분분하리만큼 주목되고 있지만, 당시 유아독존의 작가 김동인의 평(「조선근대소설고」)이 생생하다.

상섭이 『표본실의 청개구리』라는 소설을 썼다. 이 사람이 소설을 썼구나…. 나는 이런 마음으로 그 작품을 보았다. 그러나 연재물의 제1회를 볼 때 나는 큰 불안을 느꼈다. 강적이 나타났다는 것을 직감했다.

차남 재현 씨가 경기고교 국어 시간에 이 작품의 내용을 강의하던 이어령 씨의 평(냉혈동물의 내장에서 어찌 김이 모락모락 나느냐)을 집에 와서 횡보에게 전해주자 "중학교 2학년 때 개구리를 해부해보니 그런 것같이 느껴 그렇게 묘사한 것"이라고 설명해주더라고 했다.
김종균 씨는 횡보 문학을 이렇게 풀이하고 있다.

문학에 한 생애를 투척한 작가를 평하기 위해서는 우선 전 작품을 완독할 성의를 가져야지요. 『표본실의 청개구리』만 해도 그분이 체험한 한국 근대사의 기록·기행 문학으로 넓혀볼 수가 있고…. 그분은 단편이 아닌 장편 작가이고 『삼대』, 『광분』 등 많은 장편소설을 뜯어보면 일제의 한국

강점이나 친일파군(群), 급진적 개화주의를 부정하고, 한국 문학사에서 부정(否定)문학을 처음으로 설정하신 분이지요. 홍길동, 이인직, 춘원 문학까지도 유교 체제 내지 긍정적인 근대문학으로 일관해오는 것을 이를 뒤엎고 그 반동으로 독보적인 작가의식을 표출한 것이지요. 그분의 작품이 시니컬하고 깨소금 맛처럼 비꼬는 미적인 표현으로 윤색되고 있는 것도 그 때문이지요.

그의 아호에 함축돼 있듯이 횡보의 체질과 행동은 숱한 에피소드 속에 그의 특유한 비판정신, 저항적 기질을 유감없이 드러내면서 훈훈한 인간성과 조화시키고 있다.

1930년 술 실력만은 속여가며 열한 살 아래인 김영옥 씨와 결혼 이후 죽 아내를 아꼈고, 1963년 3월 14일 별세할 때까지 부인이 개가할까 염려하여 후에 방인근 씨가 '개가를 염려하지 말라'는 조사(弔辭)를 썼다든지…《만선일보》주필 시절 식민주의 논조를 반대하여 사표를 냈고, 해방 후《경향신문》초대 편집국장 시절 군정당국에 못마땅한 기사를 쓴 기자를 끝내 옹호한 편집인으로 기억되고 있다. 음주하다 한 쪽 입술을 다치고도 몸을 갸우뚱하며 다른 쪽으로 마셨다는 횡보의 횡음담(橫飮談, 차남 재현 씨의 말)이라든지… 일제하에서나 해방 후 정부 밑에서나 횡보는 할 말을 다 하고, 쓸 글을 다 쓰고 가장 작가답게 살다가 천주교에 귀의하여 직장암으로 별세한 후 서울 도봉구 방학동 천주교 묘지에 안장된다.

금동 김동인
국내 최고 문학상의 기원, 문체 혁신에 공헌하다

신문학 초창기 우리나라 문학에 새로운 기틀을 세운 금동(琴童) 김
동인(金東仁)은 일제 말 학정에 옥고를 치른 민족 문학의 거목이다. 그
는 1900년 10월 2일 부호이며 교회 장로인 평양의 명문 김대윤(金大潤)
의 차남으로 그곳 상수리에서 태어났다.

3형제 중 금동의 백형 김동원(金東元)은 조만식·오윤선과 함께 일제
하 조선물산장려회운동, 신사참배반대운동 등을 이끈 평양 산정현교
회의 '3장로'로 유명했고, 광복 후 제헌국회 부의장을 지내다 6·25전쟁
때 납북됐다. 금동의 아우 김동평(金東平)도 3·1운동 당시 등사판 지하
신문을 발간하던 항일투사다.

금동은 1912년 기독교계의 숭덕소학교를 졸업하고 이듬해 숭실
중학에 입학했다가 중퇴하며 1914년 도쿄로 유학 간다. 도쿄학원 중
학부에 입학해서 이듬해 메이지학원 중학부에 2년으로 편입학한다.

1917년 졸업 후 부친상으로 일단 귀국하여 이듬해 4월 그와 동갑인 김혜인과 결혼한 후 다시 도쿄 가와바타 미술학교에 입학한다.

금동과 소학교 동창으로 그 후 도쿄에서 함께 문학 활동을 벌여온 주요한은 그 시절의 금동을 이렇게 떠올렸다.

소학교 시절의 금동에 대한 기억이 잘 나지 않는 것을 보면 아마 그때까지는 별로 두각을 나타내지 않은 듯해요. 일본에 가서 금동이 도쿄 메이지학원 중등부에 다닐 무렵 하루는 클래스에서 일본 학생과 말다툼을 벌여 그 친구가 '조센징이 뭐냐' 하고 모욕적인 언사를 쓰자 금동은 '교실에서 싸울 게 아니라 학교 뒤 해군묘지에 들어가서 싸우자'고 제의하고는 한창 결투 중인 것을 한국 유학생, 일본 학생들이 쫓아가 뜯어말렸지요. 이처럼 패기만만한 뚜렷한 개성분자로서의 그의 기질을 드러내기도 했습니다.

금동이 문학에 들어선 것은 1919년 2월 1일에 창간된 우리나라 최초의 순문학 동인지 《창조》에서 비롯된다. 당시 그는 가와바타 미술학교 학생이었고, 동인으로 도쿄제1고등학교에 다니던 주요한 등 많은 유학생이 참가하며 제2호부터는 이광수도 가담한다.

그때 금동은 미술학교 그림 공부를 집어치우고 소설을 시작했는데 당시 중학 3~4학년 때였으니까 지금 고등학교 1년쯤에 해당한달까? 《창조》 잡지를 하자고 자기가 자금을 대고 내가 편집인이었고 창간호에 처음 「약한 자의 슬픔」이란 처녀작을 썼지요. 이 작품의 여주인공은 톨스토이의 『부활』에 나오는 하녀 카투사를 닮았는데 금동의 여주인공은 오히려 남자에게 달라붙어 '여자가 이러면 안 돼…' 이렇게 전개하면서 남녀 관계를 적나라하게 묘사해서 도쿄경시청에서 나를 호출해서는 풍속 문란이라고 판금한다는 것이에요. 그래 톨스토이 소설에도 이런 장면이 있다. 또 우리 잡지는 일본인은 안 보고 조선에도 겨우 100권 보낸다고 했더니 이다음에는 그러지 말라고 하더군요. 아마 당시 외국 소설의 일어본을 읽고 다소 모방해서 쓴 것이 아닌가 생각되지요. 자기 작품에 대한 뚜렷한 신념이 섰다기보다는 아직 모방하는 단계가 아니었을지. 그 뒤 그분의 「감자」라는 작품에도 한국 여인이 중국인에게 당하는 장면이 나오는데 그때 유럽에서 자연주의 문학이 유행하고 일본에도 이 경향이 들어와 성적 묘사를 많이 했지요. (주요한)

당시의 《창조》는 비록 90면에 값이 30전인 얇은 잡지였으나 한국 문학사상 획기적인 전환의 매체가 된 것으로 평가되고 있다. 창간호에 실린 그의 처녀작 「약한 자의 슬픔」은 비록 그 내용 면에서는 외국의 문학작품을 모방한 듯한 단계이지만, 소설 문체의 혁신을 시도하여 금동 스스로 「춘원 연구」라는 평문에서 이렇게 치부하고 있다.

춘원까지에 있어서는 글 속에 '이러자, 이더라, 하도다, 이로다' 등을 그냥 사용했다. 《창조》 동인들은 의논하고 이런 정도의 글까지도 모두 일축하고 '이다, 이었다, 한다' 등으로 고쳐버렸다. 조선말에는 존재하지 않은 he와 she 등 대명사를 붙여서 '그'라 하여 지금 한글로 소설을 쓰는 사람에게 편리하게 한 것도 《창조》의 꿈이다.

이광수가 독무대를 이루넌 근대소설 분야에 뛰어든 금동은 우선 문체의 창안에 앞섰을 뿐 아니라 그 후에 발표한 「마음이 옅은 자여」, 「배따라기」 등 단편에서 유치한 계몽주의 문학에 반기를 들고 근대사상주의를 앞장서서 받아들인다.

춘원이 민족을 내세워 일종의 권선징악을 완전히 탈피하지 못한 계몽주의의 작풍에 서성거릴 무렵 김동인을 중심으로 한 창조파의 작품 활동은 문학 개혁의 태풍이 아닐 수 없었다. (『한국근대인물백인선』, 신동한)

일본 요코하마시 복음인쇄소에서 금동이 사재를 털어 창간한 《창조》지는 6호부터 발행지를 서울 당주동 한성도서로 옮겨, 동인 중의 한 사람인 김환이 편집부 주임으로 들어가 7호까지 내다가 다시 창조사를 설립하여 8~9호를 내고 문을 닫는다.

이즈음 금동은 물려받은 가산으로 장안이 떠들썩하리만큼 기방에서 놀아나, 한때 가무와 미모로 빼어난 명기 김옥엽과 만주 안동으로, 진남포로, 옥천대로 주유하며, 그는 후에 「소설 소멸」이라는 수필과 「여인」이라는 중편에 그녀를 구원의 여인상으로 그리기도 했다.

성품이 괴짜여서 요릿집에서 요샛말로 기생파티 때 마시고 놀고 돈을 없애면서도 기생들과 통 잠자리는 같이 안 해, 한때 서울 장안에서는 '김동인이 고자다'는 소문이 돌기도 했지요. 본인은 "술 먹고 놀고 하면 됐지 꼭 데리고 자야 하느냐"고 말하더군요. 도쿄 유학 시절 방학 때 결혼식을 하고 왔을 때 금동 책상 위의 일기책을 펼쳐 보니까 "I love she"라고 씌어 있어 왜 'her'라고 쓰지 않았느냐고 하니까 껄껄 웃더군요. (주요한)

한국 문단에 자연주의의 씨를 뿌려준 《창조》지에 이어 《폐허》, 《백조》 등의 동인지가 낭만주의 물결을 일으킬 무렵 금동은 《창조》의 후신으로 《영대(靈臺)》를 창간하며 김찬영, 임장화, 김안서, 김소월이 가담한다. 1924년 8월 평양에서 창간된 이 잡지는 서울에서 수금한 돈을 임장화, 김안서가 탕진하여 이듬해 1월 5호로 폐간된다.

물려받은 재산을 유흥과 잡지 발간에 퍼붓다가 정신을 차린 금동은 1926년 남은 재산 1만 5000원으로 대동강의 지류인 보통강벌에 관개사업을 벌여 그 수세로 가산을 바로잡으려 했으나 당국의 불허로 실패한다. "더구나 그해에는 홍수가 나 양수기마저 녹슬어 버렸다"(주요한)고 하니 사업은 실패하고 금동이 사업 수습차 서울에 와 있는 동안 아내마저 나머지 가산을 탕진해 도망쳐버려 알거지가 되었다.

파산과 파혼으로 불면증까지 걸려 번뇌하던 금동은 「광염(狂炎) 소나타」, 「광화사(狂畵師)」, 「의사원처기(醫師怨妻記)」, 「혼수5일반(昏睡五日半)」 등 글 속에서 당시의 심정을 그리고 있다.

그 후 금동은 1930년 숭의여학교를 졸업한 11살 아래 김경애와 재혼하여 이듬해 서울로 이사 간다.

그분의 누이동생이 동선 씨라고 숭의 선배로서 아주 멋쟁이로 소문난 데다 그분은 이미 지명인사로 나이 차가 커 친척을 통해 모란봉에서 소개받았을 때 솔직히 자신이 없었습니다. 많이 숭배해온 분이지만 성질이 괴팍하다는 인상에 자식이 있고 재산을 탕진하고 작가 생활이 불안정하다니 자연 꺼리게 되고…. 그런데 어디서 알아보니 실, 바늘 하나까지 알뜰히 갖춰 성질만 맞춰준다면 그만한 남편이 없다고 하더군요.

또 그분이 어떻게 적극적이셨던지 당시 평양과 진남포 사이 진지동의 우리 시골집을 하루에도 몇 차례씩 오셔 "일생 결혼 않겠다면 청혼하지 않겠으나 결혼할 마음이 있다면 누구에게도 빼앗기지 않겠다"고 작가답게 표현이 아주 간결 명확한 데 매료되었지요. 내가 이 집에 시집왔을 때만 해도 김동원 장로가 전 조선부호전에 5대 갑부로 기록되어 있고 평양에서는 너무나 잘 알려진 명문이었지요. 시아주버님은 인물이 훤하게 잘생기고 성격이 원만하셔 흥사단 독립운동사건으로 서대문형무소에 구금되셨을 때도 제가 면회 가면 "내가 만인상(萬人相)은 못 돼도 천인상(千人相)은 되지" 하시면서 미소짓곤 했지요. (부인 김경애 씨)

이후 금동은 본격적인 연재소설의 작가가 되어 《동아일보》에 편집국장을 하던 춘원의 알선으로 「젊은 그들」을, 《중외일보》에 「태평행(太平行)」을, 1933년에는 스스로 대표작으로 꼽았다는 「운현궁의 봄」을 《조선일보》에 집필한다.

작가 김동인은 대단한 독설가였다. 특히 기자로 '변절'한 문인들에게 혹독한 비난을 퍼부었다. 《동아일보》 편집국장 이광수에게 '비상한 노력 끝에 위선적 탈을 썼다'며 '그의 작품은 한낱 인도주의를 가장한 문자의 유희에 멈췄을 뿐'(《조선일보》, 1929년 7월 28일)이라고 비난했다. 역시 《동아일보》 기자로 입사한 주요한에게는 '요한이 사회인이 된다는 것은 시인으로서의 파멸을 뜻한다'며 어서 시인으로 돌아가라고 했다.
그런 김동인이 1933년 4월 《조선일보》 학예부장으로 입사했다. 직장생활을 한 것은 그의 일생을 통틀어 이때가 처음이자 마지막이었다. (『조선일보 사람들』)

재직기간은 40일에 불과했다. 그가 입사했을 때 편집국장은 그가 비난해 마지않던 주요한이었다. 그의 맏형 김동원은 방응모가 《조선일보》를 인수할 때 '조선일보 발기인회' 창립위원을 지내고 취체역으로 재직 중이었다. 김동원은 폐간 때까지 재직한 뒤 광복 후 제헌국회 부의장을 지냈다.

금동은 학예부장으로 있으면서 하루 두 편의 신문소설을 썼다. 그는 일찍이 대중적인 신문소설을 쓰는 일은 문학을 배반한 '훼절'이라면서 "생활을 위하여 드는 문필은 자기를 굽히고 자기의 존재를 망각하게 만든다"고 주장했다.

금동은 같은 날짜 신문에 면을 달리해 '김동인'이란 이름으로 단편소설 「적막한 저녁」을, '금동'이란 필명으로 장편 역사소설 『운현궁의 봄』을 실었다.

금동은 연재물 두 회분을 30분 내에 쓸 정도로 빨리 썼다. 그러나 아무리 속필이라 해도 학예부장 업무를 처리하며 소설 두 편을 매일 쓴다는 것은 무리였다. 『운현궁의 봄』은 그의 재직기간 동안 9회밖에 나오지 못했다.

《조선일보》를 그만두고 약 한 달 후인 1933년 6월 28일, 김동인은 중단했던 소설 『운현궁의 봄』을 다시 쓰기 시작했다. 사장 조만식이 직접 그의 집에 찾아와 파격적인 원고료를 제시하며 특별히 부탁했다고 한다. 그는 『운현궁의 봄』을 한꺼번에 완료해서 원고료 600원을 일시금으로 받았다. (『조선일보 사람들』)

일제 밀 1939년 금동은 이른바 '황군작가위문단'의 멤버로 중국 전

선에 강제 동원되나 귀국하여 몸이 아프다고 끝까지 기행문을 쓰지 않다가 1942년 천황을 모독했다는 혐의로 1년 징역 언도를 받기도 한다. 1945년 해방의 감격을 맞아 그는 병든 몸을 이끌고 작품 활동을 하다 1951년 1월 5일 난리통에 숨지는데, 그의 유해는 평소 희망대로 화장된다.

결혼 후 상경하여 몇 달간 여관에 머물 무렵 《동아일보》에서 신문소설을 써달라고 하여 한 달 만에 2000장을 다 쓰서 그 고료로 집을 산 것이 복덕방 할아버지들의 화제가 되어 '김동인이 돈 잘 번다'는 소문이 났었지요. 이가 좋지 않아 틀니를 하서 조반으로 오트밀, 토스트 등 연하고 부드러운 음식을 즐겨 드셨고, 항상 밀크를 상자로 사다 놓고 마셨지요. 일반에 알려진 것과는 달리 아주 가정적이어서 한밤중에도 아이가 아프다면 손수 업고 병원에 가셨고, 귀가 때는 뭘 사 들고 들어오시곤 했지요. 주머니에 돈이 있으면 남아나지 않았고, 일제 말에는 집에서 아이들에게 국문을 따로 가르치셨고, 일장기는 아예 집에 없어 달아본 적이 없었습니다. (부인 김경애 씨)

주요한은 '내가 본 금동 김동인'을 이렇게 전했다.

금동은 나와 소학교 동창으로 그 후 상당 기간 문학 활동도 함께 했다. 최서해가 어느 신문에 "조선 문단에 독립불패의 괴물이 있으니 곧 김동인이다"라고 한 것은 적절한 금동 평이라 하겠다. 이처럼 성미가 괴벽해서 가끔 우리 집에 놀러 와서도 꼭 방 안에서 모자를 쓰고 얘기를 나누곤 했다. 가림 없이 나타내는 성미여서 이러한 괴벽이 얼른 보면 건방진

듯이 보이나 사실은 그렇지 않고 너무나 순진한 것이다.

당시 평양 대지주 부잣집 도련님이라 아무런 근심 없이 세상일이 마음대로 된다는 생각에서 좀 괴벽한 성격이 형성됐다고 본다. 도락도 꽤 다양해서 여름방학 때 집에 놀러 갔더니 암실에서 사진 현상에 열중하고 있었다.

3·1운동 때에는 계씨의 등사판 지하신문에 격문의 글을 써주었다가 3개월쯤 옥고를 치르기도 했다.

해방 후 내가 국민신문을 낼 때 건망증, 불면증에 겨워하던 금동을 만나 연재소설을 쓰도록 하여 『을지문덕』 원고 3~4회분을 받아보니 옛날 필치가 그대로 살아 있어 무척 반가웠다. 그 후 6·25전쟁이 나고 말아 금동이 별세하여 이 소설은 금동의 절필이 되어버렸는데, 아마 계속되었다면 금동의 포부대로 고구려 중심의 멋진 대하소설이 완성되었을 걸 하고 지금도 아쉬워한다.

조선일보사에서 매년 시행하는 동인문학상은 이미 50회를 넘어 국내 최고의 문학상으로 자리 잡아가고 있다. 동인문학상은 1955년 사상계사에 의해 설립되었으며, 1979년부터는 동서문화사가, 1987년부터는 조선일보사가 주최하고 있다. 매년 10월에 시상하며 1년간 국내 주요 잡지에 발표된 중·단편소설 작품 중 한 편이 선정된다.

이상화

형제들과 독립투쟁에 앞장섰던 대표 항일 저항시인

이상정(李相定), 이상화(李相和), 이상백(李相佰), 이상오(李相旿) 4형제가 뛰놀던 '빼앗긴 봄'의 현장은 경북 대구시 교외 서남쪽 10km쯤 떨어진 수성천변. 그 후 유원지로 개발되어 여관·다방이 곳곳에 들어섰고, 산록에는 아파트 단지마저 들어서 '되찾은 들판'의 활기를 더하고 있지만, 들판 곳곳에는 아직껏 상화가 시심을 떠올리던 물줄기며 보리밭의 둔덕들이 남아 있어 당시의 모습을 어림해볼 수 있다.

4형제 중 첫째인 상정은 젊어서 중국으로 망명, 중국군 중장으로 광복투쟁을 벌인 항일장군이다. 둘째인 상화는 해방 후 그의 시가 일제를 거스르는 항일의 상징으로 국정교과서에까지 수록된 항일 시인이며, 일제 말 옥고를 치른 후 별세했다. 셋째인 상백은 초대 올림픽위원회 위원을 지낸 한국의 원로 체육인이자 한국 사회학의 태두를 이룬 석학이며, 넷째인 상오는 사냥의 대가로 낭만과 울분을 함께 흩날린

수렵인이다.

이들 4형제는 경북 대구시 서문로 2가 12번지에서 대구의 명문 이시우(李時雨)와 모친 김해 김씨 사이에 태어났다. 이들 4형제의 생가는 바로 대구의 서대문 성 밑에 널찍하게 터 잡은 200여 평에 널려 있었으나 지금은 성터 위로 길이 나고 서대문도 없어졌고 생가터도 여러 갈래 골목길로 나뉘어 크고 작은 민가들이 들어서 있다.

이들의 조부 이동진(李東珍)은 어지러운 한말에 태어나 항일 개화 운동에 재산을 바친 선각 토호이다. 편모슬하에서 자라난 그는 부지런히 일해서 모은 1000여 석의 재산을 개인의 영달에는 일절 쓰지 않았다. 그는 전 재산을 반분하여 그 한쪽을 일가친척의 장학금으로 내놓았고, 나머지 한쪽의 재산으로는 자신이 경영하던 우현서루(友弦書樓)의 유지비로 충당하는 한편, 매일 찾아드는 20여 명의 손님 접대비와 또 매년 춘궁기 석 달 동안 기아, 걸인에게 제공하는 비용으로 사용했다.

이 땅에 일제 총독부가 설치될 무렵 그가 대구, 지금의 수장교 근처에 세운 우현서루는 전후 6~7년 계속하는 동안 150여 명의 의인·열사를 배출했다. 이들 중에는 후일 《황성신문》의 주필로 있으면서 저 유명한 사설 「시일야방성대곡」을 집필한 장지연을 필두로 이동휘, 박은식, 장지필 등의 쟁쟁한 인사들도 끼어 있다. 우현서루의 실내에는 1만여 권의 고금 서적을 비치하고, 기숙까지 해가면서 장시일을 두고 학문을 닦는 서생들의 연구에 언제나 편의를 제공하곤 했다.

한일합병을 앞두고 일제의 강압적인 지시로 우현서루가 폐쇄되는 날, 동진과 수십 명의 서생들은 땅을 치며 통곡했다고 한다. 이처럼 공익에 앞장섰던 그의 공훈을 못 잊어 사람들은 그 기념비를 세운 적도 있으나, 그때마다 동진은 자기 스스로 그 비를 허물어선 땅에 묻고 이에 소요된 비용은 당사자들을 찾아다니며 일일이 되돌려주곤 했다.

동진이 별세한 후 뜻과 정신이 고매한 선비인 그의 장남 일우(一雨, 4형제의 백부) 역시 부친처럼 항일투쟁의 사업에 매진했다. 일우가 대구 서성로 약전 거리에 서점을 차린 것은 우현서루 폐쇄사건이 있은 얼마 후였다. 우현서루 서고에 산적해 있던 그 많은 서적을 일우는 일반 사회에 공개하여 신학문 보급에 도움을 주자는 동기로 서점을 연 것이다.

이런 낌새를 알아챈 일제는 3~4년이 지나 한일합병 후 강제로 서점을 폐쇄했다. 하지만 일우는 낙망하지 않고 강의원(講義院)을 설립하여 인재 양성에 주력하는 한편, 신여성 육성을 목적으로 한 애국부인회를 조직했다. 강의원은 우선 일제 상품 불매운동을 벌이는 한편, 매년 대구 시민 운동대회를 열어 민족의 의기를 고취했다. 하지만 일우의 사위 윤홍열이 한국 선수와 일본 선수 사이의 야구 경기를 관전하다 일본 심판의 편파적인 판정에 항의, 한일인 간의 편싸움으로 번져 일제는 윤홍열의 배후를 캐 5년간 계속된 강의원을 끝내 폐쇄시키고 말았다. 그 후 강의원의 표면상 운영자였던 홍주일이 우현서루 자리에 교남학교를 설립했고, 이것이 얼마 후 대륜중학으로 바뀌어 오늘의 대륜중·고등학교에 이르고 있다.

또 여성 계몽에 앞장섰던 애국부인회는 자매단체인 강의원의 폐쇄 시기를 전후하여 일제의 강권에 못 이겨 교육부인회로 개칭했고, 그후 나이 어린 아동 교육만 맡아오다 해방 후의 신명여자중·고등학교로 이어진다.

동진의 차남 시우(4형제의 부친) 역시 부친의 영향을 받아 장래가 촉

망되던 인물이었으나 30세 전에 요절하고 말았다. 어린 나이에 이미 부친과 사별한 상정, 상화, 상백, 상오 형제는 백부인 일우의 엄한 교육을 받으며 자라난다. 일우는 조카들에게 그의 부친이 임종 때 남긴 세 가지 유훈을 그대로 가르치는데, 첫째 영달에 정신을 팔지 말 것이며, 둘째 근검절약하여 재산을 모을 것이며, 셋째 그렇게 해서 저축한 돈을 반드시 사회의 유익한 일을 위하여 쾌척하라는 것이었다.

이처럼 조부 대로부터 내려오는 가훈 이외에도 자라나는 이들 형제에게 많은 영향을 끼친 것은 강의원 교육. 이들은 백부가 경영하는 강의원에 드나들면서 그곳에서 신학문을 배우기도 하고, 민족 정기의 참뜻을 익히기도 한다. 당시 스승 중에서도 가장 영향을 많이 준 사람은 김해 출신의 노상건이다. 언제나 삼베옷 차림에 미투리를 신고 지내던 노상건은 일찍부터 한학과 신학문에 통달한 인물로, 그 무렵 의혈 청년의 기질을 지녀, 옳지 못한 방법으로 치부한 끝에 세상에서 빈축을 사던 민영휘며 친일파의 거두 송병준과 그 외에 박영효 등의 집에 찾아가 그들을 대나무로 난타하여 '노작대기'란 별명을 얻기도 했다.

첫째인 상정은 16세 때 1912년 도일하여 도쿄의 협성중학(육군유년학교)을 마치고 미술학교와 상업학교를 거쳐 국학원대학을 마치고 귀국한다. 안창호, 김성수 등 당시 우국지사와 친교가 두텁던 상정은 귀국 1년 후 남강 이승훈의 요청에 따라 오산학교의 교사로 취임한다. 민족학교의 학풍을 지닌 당시 오산의 교장은 남강이고 교감은 고당 조만식이다. 상정은 이 학교에서 3년간 월급도 받지 않고 봉직하면서 교사를 신축할 때면 학생들과 더불어 등에 벽돌을 짊어지고 언덕을 오르내리는 등 행동적 사도(師道)에 전념한다.

낭시 국산품 애용을 권장하는 강연회가 교내에서 열렸을 때의 에피소드. 교감인 고당이 학생들 앞에서 국산품을 애용하는 길만이 우리가 독립할 수 있는 첩경이라고 하는 일장연설을 끝맺을 무렵, 연단 밑에 앉아 있던 상정이 갑자기 벌떡 일어나더니 연사인 고당 옆으로 다가가서는 즉시 입고 있던 비단옷을 훌쩍 벗어 짝짝 찢어버리는 것이었다.

호기심에 찬 눈초리로 스승인 상정의 태도만 주시하고 있던 학생들은 그 광경을 보자 일시에 박수갈채를 보냈다. 고당의 연설과 상정의 후련한 태도를 보고 흥분에 겨워하던 학생 중 상정의 시범에 따라 자기들도 입고 있던 일제 속옷을 벗어 갈기갈기 찢어버린 학생도 있었다는 것이다.

그로부터 학생들 간에 상정의 인기는 절정에 달해 그의 가르침이면 무엇이든지 따랐다고 하는데, 실상 그날 상정이 학생들 앞에 보인 행동은 효과적인 교육을 위해 안출한 연극이었다니 당시의 교육열이 어느 만큼 열성적이었던가를 짐작할 수 있다.

오산에 있으면서 평양 광성학교까지 무료로 출강하던 상정이 일경의 날카로운 눈을 피해 북방으로 망명의 길을 떠나가는 26세 때, 그는 망명에 앞서 대구 본가에 연락하여 자기가 일본에서 가지고 온 서적 일부를 부치라고 한다. 수천 권에 달하는 그의 개인 장서는 그가 일본 유학 때 모은 것으로, 이 서적들은 그 밑의 세 아우에게도 적지 않은 영향을 주어 상화가 신문학에 경도하게 된 동기도, 상백이 사회학과 역사학에 몰두하게 된 계기도 상정이 일본에서 가지고 온 각종 신간 서적을 두루 섭렵한 데서 도움을 받은 것이다. 상정은 본가에서 부쳐 온 수백 권의 책을 남몰래 판 노자로 만주로 탈출, 망명해 간 것이다.

한편 상화는 15세 때 1915년 서울 중앙학교에 입학하여 18세 때 중앙중학 3년을 수료하고 귀향하여 금강산 등 강원도 일대를 방랑한다.

장발의 거지꼴로 산중에서 끼니를 굶어가며 술을 벗 삼아 풍찬노숙 속에 인생의 진실을 터득한 그는 「나의 침실로」 등 저항시를 쓰기 시작한다. 상화의 처녀작 「나의 침실로」는 1923년 《백조》 동인지에 발표했으나 실제 창작은 1918년인 셈이다. 상화는 이때를 전후해 소설가 현진건 추천으로 《백조》 동인이 되었으며, 동지 3호에 출세작으로 이 시를 발표한다.

상화의 '침실'이 부활의 동굴이라면, '마돈나'는 죽어 있는 국권 상실의 조국의 상징어일 것이다. 그래서 상화의 「나의 침실로」가 잃어버린 '마돈나'에 대한 동정을 통해서 조국에 대한 그리움을, 한용운의 「님의 침묵」이 잃어버린 조국, 침묵하는 조국, 그리고 언젠가 돌아올 조국을 이야기하고 있다는 점에서 김치수 『식민지 시대의 문학』에서 항일 저항시가 되는 것이다. (『인물로 본 중앙 100년』)

그는 독립투쟁의 가문에서 자란 덕으로 일제하 숱한 작가, 시인들이 일제에 동화되어 어용작가, 시인을 자원했지만, 이상화야말로 으뜸가는 항일 민족시인 중의 한 분이고, 그의 시는 민족의식을 짙게 담은 시와 그렇지 않은 관능적 서정시를 함께 내포하고 있다. (『한국신문학대계』, 이철범)

1919년 3·1운동이 일어나자 우현서루와 강의원에 연고를 가지고 있던 동지들을 모아 상화 3형제는 태극기를 찍어내고 학생 동원 계획을 짜는 등 거사를 추진해나간다(상정은 그때 오산에 있었음). 이리하여 4월 초 대구에 만세운동이 번지자 상화는 대구관립고보 3년생인 상백, 1년생인 상오와 함께 대열에 앞장선다. 뒤이어 일경은 한 주에 평균 한

번씩 가택수색을 하는 한편 우현서루와 강의원 시대부터의 모든 일을 꼬치꼬치 캐묻는데, 특히 상화는 중국에 있는 상정과 내통이 있다고 하여 8개월 동안 갇히는가 하면, 「신라제 노래」를 지었다고 해서 또 2개월 구금당하며, 강의원 출신의 청년들이 주동이 되어 일으킨 조선은행 대구지점 폭탄투척사건에도 관련이 있다 하여 체포하기도 한다.

당시의 시심이 바로 「빼앗긴 들에도 봄은 오는가」에 투영되어 있다. 1919년 가을 상화는 공주의 명문가 서영보의 영애 순애와 결혼한다.

그분의 사촌형(상무)과 외가의 백부(서덕순)님이 일본 와세다 동창이어서 서로 집안끼리 알게 되어 중매가 되었는데, 그때만 해도 충청도에서 경상도로 시집오는 것은 참 먼 길이었지요. 지나사변이 나고 그분이 중국에 있는 백형(상정)을 만나고 오셨을 때, 일경은 그분을 몰고 가 고문하고 형사가 와서는 책과 장서를 모두 뒤져가 미발표 원고가 모두 없어졌지요.
(부인 서순애 씨)

1923년 도쿄로 건너가 아테네프랑스(학원 이름)에서 프랑스어 공부를 하며 프랑스 유학을 꿈꾸던 그가 이러한 모든 포부를 포기하지 않으면 안 되게 된 것도, 요시찰 가문 출신이자 '불령선인(不逞鮮人)'으로 낙인찍혀 꼼짝달싹할 수 없었기 때문이다.

그리하여 그는 이후 백조파 시인으로 경향파에 동조하면서 저항시를 쓰는가 하면 한때(1933년) 《조선일보》 경북총국을 경영하기도 한다.

이듬해 1934년 맏형 상정이 중국에서 사망했다는 소식을 접하고는 베이징으로 달려가 다행히도 살아 있는 형을 만나고 귀국하는데, 그 때문에 20여 일간 일경의 고문을 받아 몸이 쇠약해진다.

성질은 인자, 온화, 자상하셔 큰소리치신 적이 없고, 부모님에게도 효성이 지극하셔 만년에 위암에 걸려 고통에 겨워하시면서도 모친 앞에서는 아픈 시늉을 내지 않으셨지요. 자식들도 극진히 위해주셨고요. 30세 전에는 술도 많이 자시고 방랑 생활도 하셨다는데, 친구분들의 말씀을 들으니까 일제의 '요주의 인물'로 감시의 눈이 심해 누적된 스트레스를 풀려니까 자연 친구들과 어울려 술 마시고 여자관계도 맺게 되고 하신 모양이에요. 돌아가시기 10여 년 전부터 술을 끊고 가정에 돌아와 충실한 가장이 되신 것이지요. (차남 충희 씨)

충희 씨는 「설어운 해조(諧調)」, 「가장 비참한 기도」, 「사라져가는 미술관」 등 상화 친필의 원고를 가보로 고이 간직하고 있었고, 만년에 상화 스스로 만든 가훈으로 손수 테이블 위 벽에 써 붙였던 '반드시 애써 할 일'을 펼쳐 보였는데 거기에는 이렇게 씌어 있었다.

1. 우리는 서로 사랑하고 섬기고 위하며 살자.
2. 우리는 몸과 마음을 맑게 하고 작은 것도 고맙다 아끼자.
3. 우리는 저마다 할 일에 있는 힘을 다하자.
4. 우리는 혼자 있을 때에는 내가 나를 속이지 말자.
5. 우리는 내 것을 귀여웁게 할 것이요 남의 것만 부러워 말자.
6. 우리는 항상 옳은 일을 하여 뉘우침을 모르게 하자.
7. 우리는 언제 어디서나 오붓이 착한 사람이 되자.

이상화는 1943년 3월 21일 자택에서 위암으로 별세한다.

14

신천 함석헌
민중을 대변한 세계적 종교사상가

신천(信天) 함석헌(咸錫憲)은 일제하의 독립항쟁과 광복 후 자유당·
군부독재에 맞서 민주화운동에 앞장선 종교사상가이다. 그는 5·16군
사정변 후 가장 먼저 쿠데타 정권을 정면으로 비판한 민권운동가로,
1970년대 긴급조치 시절에도 직필 정론지 《씨올의 소리》를 발행하여
유신체제에 맞서는 용기를 보여주었다. '씨올'은 '우리 자신을 모든 역사
적 죄악에서 해방시키고 새로운 창조를 위한 백성'이란 뜻이다. 그는
일제강점기 때 두 번, 공산 치하에서도 옥고를 치렀으며, 광복 후 자유
당 정권과 유신체제하에서도 여러 차례 구속당했던 저항지식인이다.
그의 생전에 1975년과 1985년 두 차례나 외국인들로부터 노벨평화상
후보로 추천된 것도, 그의 행동과 사고가 세계인의 심금을 울린 보편
성을 지녔음을 입증한 사례다.

신천은 1901년 3월 13일 평북 용천군 부라면(일명 사점)에서 함형택

(咸亨澤)과 김형도(金亨道) 사이에 2남 3녀 중 장남으로 태어났다. 신천의 부친은 명망 있는 한의사였다. 평안도뿐 아니라 서울, 만주는 물론일본에서까지 환자들이 줄을 이었다고 한다. 부친은 마을에 교회와학교를 세우고 장로가 되었다. 신천은 예술에 대한 감각과 합리적 사고력은 부친에게서, 평등사상과 열린 마음은 모친에게서 물려받았다고 술회한다(『한국민족주의론』, 송건호).

어린 시절 신천은 겁 많고 부끄럼을 타는 내성적인 아이여서 또래의 사내아이들과 싸움이나 다툼을 해본 적이 없었다. 그는 여섯 살 때부터 숙부인 함일형에게 『천자문』을 배우기 시작하여 어느새 『명심보감』까지 달달 외웠다. 사촌형 석규는 목사였다. 틈날 때마다 어린 석헌에게 기독교와 성경, 그리고 함께 나누는 삶에 대한 이야기를 들려주었다.

신천은 1906년 함일형이 세운 사립 기독교계 덕일소학교에 입학한다. 선생님이 처음 부임하는 날, 아이들은 마중을 한다면서 모두 달려나갔다. 그러나 그는 텅 빈 방 안에 혼자 남았다. 선생님 얼굴이야 나중에 본다고 해서 손해날 것도 없었다. 지저분한 방을 비로 쓸었다. 왠지 자신도 모르게 오히려 마음도 편하고 기분도 좋았다. 자신에게 딱맞는 일처럼 느껴졌다.

신천은 1916년 평양고등보통학교에 입학한다. 이듬해 부모의 중매로 황득준과 결혼한다. 신혼의 단꿈에 젖어 장밋빛 미래를 떠올리는중에 신천은 3·1운동을 겪으면서 삶의 가장 중요한 전환점을 맞게 된다. 그는 3·1운동에 적극 참여한다. 그의 삶을 격동의 삶으로 바꾸는큰 역할을 한 사람은 함일형의 차남이며, 사촌형인 함석은이다. 함석은은 숭덕학교 교사이자 열성 개신교인으로, 평양 지역 3·1운동 준비위원회의 총책이었다.

함석은은 3·1운동 후 일경의 수사를 피해 만주로 망명해서 독립운동단체인 대한청년단을 조직하고 민족주의적인 잡지를 발간한다. 그러다가 1930년 5월 일본군의 총탄에 맞아 부상을 당한다. 그 후 만주에서 일본군에 체포되어 3년간 수감된다. 그는 사후 1993년에 건국훈장 국민장을 수상했다.

신천은 함석은의 지도 아래 손수 만든 목판으로 태극기를 찍어내고, 「독립선언서」 사본을 만들어 나눠준다. 3·1운동 당일에는 열렬히 만세 대열에 참여한다.

「독립선언서」를 전날 밤중에 숭실학교 지하실에 가서 받아 들던 때의 감격! 그날 평양경찰서 앞에 그것을 뿌리던 생각. 그리고 돌아와서는 시가행진에 참가했는데, 내 90이 되어오는 평생에 그날처럼 맘껏 뛰고 맘껏 부르짖고 상쾌한 때는 없었다. 목이 다 타 마르도록 '대한독립만세'를 부르고, 팔목을 비트는 일본 순사를 뿌리치고 총에 칼 꽂아가지고 행진해오는 일본 군인과 마주 행진해 대들었다가 발길로 채여 태연히 짓밟히고 일어서고, 평소에 처녀 같던 나에게서 어디서 그 용기가 나왔는지 나도 모른다. (『함석헌전집』)

3·1운동 후 반일 청년 함석헌은 평양고보 복교를 거부하고 일단 귀향한다. 그는 사촌형 함석규 목사의 권유로 1921년 오산학교로 전학한다.

오산은 매우 진취적이고 낙관주의적인 기풍을 지닌 학교였다. 학생들의 눈빛이 살아 있었고, 그들의 표정과 발걸음에는 힘이 있었다. 학

생과 선생 사이에는 적이 없었고, 서로 누구하고나 잘 어울렸다. 함석
헌도 곧 그들과 하나가 되었다. 당시 교장은 고당 조만식이었다.

　오산학교는 그때 민족운동, 문화운동, 신앙운동의 산 불도가니였습니
　다. 그때 그 교육은 민족주의, 인도주의, 기독교 신앙이 한데 녹아든 정
　신교육이었습니다. (『함석헌전집』4)

　오산학교에서 신천은 그의 장래에 사상적인 지침이 되는 두 스승을
만난다. 오산학교의 설립자인 남강 이승훈은 한국 독립의 중요성을
깨우쳤고, 다석 유영모는 노장공맹(老莊孔孟)을 비롯해 다양한 동양의
고전철학을 가르쳐주었다.

　평양고보 시절 의사가 되고자 했던 함석헌은 시골 벽촌 오산학교에
서 거듭나 민족애와 기독교 정신으로 호흡하며 생각과 지식을 다듬어
간다.

　신천은 1923년 오산학교를 졸업하고 도쿄로 가서 대입 검정고시를
준비하던 중 9월 1일 관동대지진 때문에 이른바 '인생대학'이라는 감
옥 생활을 처음 경험한다. 혼란을 틈탄 일본인 폭도들이 재일동포를
무차별 학살하는 상황에서 일본 경찰이 '무고한 조선인을 보호한다'는
명목으로 그를 비좁은 감옥 안에 집어넣었다.

　감옥은 마치 지옥 같았고 영문도 모르는 사람들이 빼곡하게 들어차 앉
　지도 서지도 못한 채 거의 숨조차 쉬지 못할 지경이었다. 그 안에서 공포
　에 질려 떨던 사람들, 살려달라고 애원하고 울부짖던 그들 대부분은 하
　나같이 남루하고 가엾은 조선 사람들이었다. 이런 열악한 감옥에서 하

룻밤을 지내는 동안 인간이 얼마나 노골적·본능적이고 사악할 수 있는 지를 피부로 실감했다. (『함석헌 평전』)

신천은 1924년 도쿄고등사범학교에 입학한다. 이해 봄부터 평생의 친구가 되는 교육자 김교신을 만나, 그의 안내로 이마이칸(今井館)의 성서연구회에 참석하여 우찌무라의 제자가 되고, 또한 타고르를 읽다가 간디의 영향을 받는다. 대학 4학년 때 그는 이들과 함께《성서 조선》을 창간하며, 생애 최초로 「먼저 그 의를 구하라」라는 글을 발표한다.

1928년 도쿄고등사범학교를 졸업하고 함석헌은 오산학교 교원으로 부임한다. 그러던 어느 날이었다.

채 서른이 안 된 함석헌이 학생들에게 성경 강의를 하는데, 예순다섯 할아버지가 된 남강이 귀를 기울이고 있었다. 함석헌은 웬일인가 싶어 괜히 머쓱해졌다. 남강은 강의가 끝날 때까지 주의 깊게 듣더니 학생들과 뒤섞여 교실을 나섰다. … 교장 남강은 그런 사람이었다. 적어도 그에게 있어 배움이란 것은 위아래가 따로 있는 것이 결코 아니었다. (『함석헌 평전』)

당시 역사와 수신을 가르쳤던 신천은 비교적 안정된 생활을 했다. 그는 열심히 책을 읽었다. 학생들이 잠들기 전 그의 하숙방에서는 등잔불이 꺼지는 일이 없었다. 그는 왜곡된 일제의 조선사 편찬 작업에 맞서 『성서적 입장에서 본 조선 역사』를 집필한다. 어느 날 역사 시간에 일본사가 아닌 조선사를 우리말로 가르치는 함석헌에게 시학관은 언성을 높이며 야단쳤다. 함석헌은 이렇게 대답했다.

시골 학생들에겐 조선어로 말해야 이해가 더 빠르다. 더 중요한 것은 교육 내용인데, 그래도 굳이 '국어'로만 써야 한다면, 교육 내용의 이해 여부와 상관 없이 그렇게 하겠다"고 유유히 답변하자 그들은 이해하겠다면서 돌아갔다. (『함석헌 선생 추모문집』, 오산학교동창회 편)

그의 별명은 '함도깨비'였다. 질문하면 도무지 모르는 것이 없는 '만능교사'란 뜻이었다. 그런데 남강 선생이 별세한 어느 날 좌파 학생들은 민족주의 진영의 교사들을 폭행하기로 모의했다. 당연히 민족주의자로 간주된 함석헌도 폭행 대상자였다. 낌새를 챈 다른 교사들은 모두 도망갔다. 그러나 함석헌은 피하지 않았다.

그는 가슴을 맞으면 안 되겠기에 두 팔로 가슴을 안았고, 두 손으로는 얼굴을 가린 채 몇몇 학생들로부터 뭇매를 맞았다. 그저 정신이 몽롱해지도록 때리는 대로 맞고 말았다. 얼마나 지났을까. 웬일인지 그들은 함석헌을 다시 찾아왔다. 대단히 죄송하다는 표정으로 잘못을 빌었다. 그리고 어느 학생이 질문했다. 자기들이 폭행할 때 왜 두 손으로 얼굴을 가렸느냐고. 그의 대답은 솔직했다. "나도 사람인데, 어느 놈이 나를 때렸는지 알면 '저놈이 날 때렸지' 하는 맘이 아니 생길 수 없어서 나를 때린 학생을 아예 모르는 게 낫다고 생각해서 그랬지."(『씨올 함석헌 평전』, 이치석)

그 크고 깊은 인격 앞에서 누구도 감히 더 이상 이념을 가지고 얼굴을 붉힐 수 없었다.

신천은 1938년 더 이상 우리말 수업이 불가능하여 오산학교를 떠난다. 1940년에 그의 후배 김두혁이 경영하던 평양 근교 송산농사학원의 경영 및 관리를 맡는다. 그들 중 한 사람이었던 최원삼은 후일 함석헌의 사위가 된다.

창씨개명을 거부한 신천은 1940년 8월 '공산주의 및 민족주의적 성향을 지녔다'는 혐의로 체포되어 1년간 옥고를 치른다. 이른바 계림회 사건이었다. 이어 성서조선사건 1년 등 두 차례의 옥고를 치르며 농장에서 일하다 해방을 맞는다.

해방 후 조만식은 소련 군정이 만든 임시인민위원회의 고문으로 추대되었고, 신천은 평북 지역의 문교부장으로 임명된다. 그러나 신천은 곧이어 발생한 신의주학생봉기사건의 책임자로 체포되어 현장에서 몰매를 맞고 50일간 투옥된다. 그는 1947년에 월남하여 YMCA에서 '성경' 강의를 시작한다. 1956년《사상계》1월호에 처음으로「한국 기독교는 무엇을 하고 있는가」를 발표하여 윤형중 신부와 논쟁을 벌인다.

함석헌 씨는 그 당시 이화여대 앞에서 조그만 셋방살이를 하고 있었는데, 그이가 훌륭한 인물이란 걸 알고, 장준하 형 보고 함석헌 씨를 끌어내자고 했어요. 그럼 안 선생이 책임지라고 해서⋯ 그분을 찾아가서 사상계 글 좀 써달라고 청을 드렸더니 "나 글 안 써" 하고 거절하는 거였어요. 그래 그 뒤로 서너 번 더 찾아갔더니, 그런 삼고초려의 정성에 이분이 오케이를 하고 말았어요. 그때 나온 글이「한국 기독교는 무엇을 하고 있는가」였는데, 이 글로 일약《사상계》의 성가가 높아졌지요. (『사상계와 장준하』, 안병욱)

신천은 1958년《사상계》8월 호에「생각하는 백성이라야 산다」라는 글을 발표하여 큰 관심을 불러일으킨다.

우리가 일본으로부터 해방이 되었다고는 하나 참해방은 조금도 된 것이 없다. 전에는 상전이 아니었던 것이 지금은 둘, 셋이다. 일본 시대에는 종살이를 해도 형제가 한집에 살 수 있고 교통할 수 있었는데, 지금은 그것도 못해 부모 처자가 남북으로 헤어져 헤매는 나라가 자유는 무슨 자유, 해방은 무슨 해방인가. 남한은 북한을 '소련·중공의 꼭두각시'라 하고, 북한은 남한을 '미국의 꼭두각시'라 하니 남이 볼 때 있는 것은 꼭두각시뿐이니 나라가 아니다.

신천이 아니면 못 할 소리다. 그는 이 글 때문에 남한에서 처음으로 20일간 투옥된다.

1960년 4·19학생혁명이 일어난 직후부터 신천은 자신의 '로맨스' 때문에 '연옥에 빠진 심정'으로 약 1년간 글을 발표하지 않는다. 이 시절 그는 절친한 안병무에게 절박한 어조의 편지를 보낸다.

친구들도 나 용서 아니 하나 봐요. 그래서 맘을 걷어잡을 수 없어요. 죽겠어요! … 친구! 친구 없어요, 죄를 사하고 나를 일으켜주는 사람만이 친구인데 없나 봐요. 나는 한 사람이 필요해요. 내 맘을 알아줄, 붙들어줄 한 사람!

1960년 10월 9일

이듬해 함석헌은 5·16군사정변을 강력하게 비판하는 「5·16을 어떻게 볼 것인가」라는 글을 《사상계》 7월호에 발표한다. 당시는 공포 속에 위축되어 세상이 죽은 듯 말이 없을 때였는데 민중을 분연히 대변한 것이었다.

그는 5·16을 4·19와 비교하면서 그때는 맨주먹으로 일어났으나 이번에는 칼을 들었다고 하면서 "그때는 대낮에 내놓고 행진을 했지만 이번에는 밤중에 몰래 했다. 그만큼 정치적으로 낮다. 혁명은 민중의 것이다. 민중만이 혁명을 할 수 있다. 군인은 혁명을 못 한다." 이같이 5·16은 혁명이 될 수 없다고 단언한 것이다. (『한국언론인물사화』, 송건호)

신천은 1962년 미 국무성과 영 외무성 초청으로 미국과 영국 여행 중에 철학자 학킹과 역사학자 토인비를 만난다. 역사학자 노명식은 일찍이 신천의 역사 탐구에 대해 갈파한 바 있다.

노명식은 함석헌과 토인비를 비교, "두 사람이 역사를 보는 자리와 시각은 놀랄 만큼 거의 일치한다"고 했다. 이어 노명식은 "그 일치의 가장 깊은 데가 인생과 역사의 본질을 고난으로 파악한 점"이라고 밝혔다. (『광복 50년 한국을 바꾼 100인』)

신천은 1965년 한일협정 체결에 반대하는 조국수호국민협의회 상임 대표로 선출된다. 1967년에는 본격적인 반독재투쟁에 나서 국회의원 선거에 옥중출마한 장준하를 선거유세로 당선시킨다. 이어 박 대통령의 삼선개헌 반대투쟁에 적극 나서며, 1979년에 월간 《씨올의 소리》를 창간한다. 유신독재에 반대하는 투쟁에 앞장서며 1976년 군법회의에서 징역 8년의 선고를 받는다.

신천은 1963년에 제1회 월남 언론상, 1987년에 제1회 인촌언론상을 받는다. 그는 1988년 주위의 반대를 무릅쓰고 서울 올림픽 평화대회 위원장을 수락하며, 오산학교에 자기 몸을 학생들의 '실험용'으로 기증한다는 유언을 남긴다. 자신의 원효로 자택도 남강문화재단에 기증한다. 1989년 2월 4일 서울대병원에서 별세하며, 대전현충원 독립유공자 묘역에 안장된다.

내가 본 신천 함석헌

나는 1970년대 초 신천 선생이 한국신학대에서 고전 특강을 맡으시면서 그분과 인연을 맺게 됐다. 당시 그분과 절친했던 안병무 교수가 교무과장으로, 내가 주임을 맡고 있었다. 그분은 지난 20세기 한국 현대사의 격동기에 한국이 낳은 세계적인 종교 사상가 중의 한 분이라고 생각한다.

1930년대 민족교육의 성지 오산학교에서 역사 선생으로 고민하면서 집필한 『뜻으로 본 한국역사』는 한국인이 쓴 최고의 역사서요, 한국인이 총체적으로 자기 민족사를 해석한 역사서인 것이다. 그분의 사상체계 안에서는 종교와 과학이, 동양 사상과 서양 사상이, 역시와 자연이, 노동과 예배가, 민초와 하늘이 구별되면서도 하나로 통해 있는 것이다.

그분으로 말미암아 씨올 사상이라는 독특한 생명의 세계가 한국의 정신계 속에 열리게 된 것이다. 과학적으로 사고하고, 종교적으로 직관하고, 시적으로 표현한 그분의 방대한 저작들은 그분이 곧 20세기 한국이 낳은 세계적 사상가임을 입증하는 단서인 셈이다.

김경재(한신대학교 교수)

정지용

현대시의 위상을 드높인 선구자

정지용(鄭芝溶)은 「향수(鄕愁)」, 「고향」, 「백록담」 등 많은 한국인이 읊
어온 애송시를 쓴 국민 시인이다. 그는 '천재 시인' 이상(李霜)과 '청록파
시인' 조지훈, 박목월, 박두진을 추천으로 등단시키기도 했다. 지용과
함께 우리 문단을 풍미했던 김기림은 지용이 "조선 신시사상(新詩史上)
에 새로운 시기를 그은 선구자이며, 한국의 현대시는 지용에서 비롯되
었다"고 했다.

「고향」은 지용이 1932년 7월 《동방평론》 4호에 발표한 시다. 독일
유학에서 돌아온 채동선이 이 시로 작곡해 더욱 널리 애송되었으나
6·25전쟁 후 「고향」은 사라졌다. 대신 노산 이은상의 「그리워」로, 혹은
박화목의 「망향」이란 가사로 노래를 불러야만 했다. 지용이 오랜 기간
월북 작가로 누명을 써왔기 때문이다.

지용은 섬세하고 독특한 언어를 구사하면서 대상을 선명히 묘사하여 한국 현대시의 신경지를 연 것으로 평가받고 있다. 유종호는 "소월과 지용은 동갑이지만, 그들의 시를 보면 100년의 차이가 난다"고 했다. "소월이 한국의 한(恨)의 정서를 바탕으로 전통적이고 잠재적인 모국어를 구사했다면, 지용은 시적 대상의 적확한 묘사력과 언어 조탁, 시적 기법의 혁신으로 모국어를 현대화시킨 최초의 모더니스트요, 탁월한 이미지스트로서 한국을 대표하는 우리 시대 최고 시의 성좌(星座)"라고 극찬한다.

지용은 1902년 6월 20일 충북 옥천군 옥천읍 하계리 40번지에서 한약상을 경영하던 연일 정씨 정태국(鄭泰國)과 하동 정씨 정미하(鄭美河) 사이에 4대 독자로 태어났다. 그의 아명은 지용(池龍)이었다. 모친이 연못에서 용이 하늘로 올라가는 태몽을 꾼 데서 비롯되어 본명도 이 음을 따서 지용으로 지었다. 그 뒤 지용(芝溶)은 그의 아호이자 필명으로 되었다. 부친은 한때 중국과 만주를 방랑하며 한의술을 배웠고, 고향에 돌아와 한의원을 개업하여 재산을 꽤 모았으나, 어느 해 홍수 피해를 크게 입어 가세가 갑자기 기울어졌다. 원래 연일 정씨들이 집단촌을 이뤄 살던 곳은 충북 수북리 꾀꼴마을이었으나, 그곳에서 살지 못하고 하계리 개천가로 이사해 온 것이다. 그때 부친은 처가 친척의 농장에서 머슴살이를 했다. 지용은 "나는 소년적 고독하고 슬프고 원통한 기억이 진저리가 나도록 싫어진다"고 회고한다. 4대 독자로서 느껴야 했던 숙명적 고독감과 부친의 방랑과 실패, 가난 등으로 어린 그는 불행했다.

「고향」에 복원된 지용의 생가는 정면 3칸 측면 3칸이며, 부엌을 제외하고 정면 2칸은 툇간 구조이다. 주거용의 'ㄱ'자 집은 부엌 뒤로 방 한 칸을 더 내어 'ㄱ'자를 이루는 특이한 구조이다. 옛날 반가에서는 옥

상옥처럼 담장 안에 담을 만들어 내외벽을 쌓았는데, 그것은 여인들을 배려한 특별한 공간이었으며, 안사람에 대한 예의를 중시했던 우리의 풍습이었다. 방과 방 사이의 소통로는 이러한 연유를 담고 있는 듯하다.

지용은 9세 때 옥천공립보통학교에 입학하며, 3년 뒤 동갑인 은진 송씨 재숙(在淑)과 결혼한다. 보통학교 졸업 후 서울에서 4년간 한문을 배우다가 17세 때 휘문고보에 입학한다. 성적이 우수하고 집안 형편이 어려워 장학생이 되며, 졸업 후에도 유학 비용을 받는다. 휘문고보 1학년 때부터 문예 활동을 시작한 그는 동인지 《요람》의 산파역을 맡아 습작 활동을 한다. 그는 《요람》에 정지용 시집 3부에 수록된 동시의 절반 이상을 발표했으며, 2학년 때는 《서광(曙光)》지에 「3인」이라는 소설도 발표하여 일찍부터 문재를 발휘한다.

지용은 학생자치회와 동문회를 연합한 재학생, 졸업한 동문 모임인 문우회의 학예부장이 되어 휘문고보 교지 《휘문》 창간호도 발간한다.

여기에 그의 최초의 번역물 『퍼스포니와 수선화』, 『여명의 여신 오로아』, 『기탄젤리』도 실었다. 당시 아시아 최초의 노벨상 수상자이며 인도는 물론 전 세계가 신화적 인물로 주목한 타고르의 노벨상 수상작인 『기탄젤리』를 무명의 고보생이 번역을 시도한 사실에서 지용의 원대한 시적 포부를 읽게 된다. 당시 문단의 중진이었던 김억이 『기탄젤리』를 완역한 것이 1923년 4월인데, 지용은 이보다 조금 앞서 일부를 번역한 것이다.

학업 성적이 뛰어났을 뿐만 아니라 문예 활동도 이처럼 활발하게 하여 교사들의 귀여움을 받았으며, 학생들 사이에도 인기가 있었다. 그가 2학년 때인 1919년에 3·1운동이 일어났으며, 학교마다 휴교 사태가 발생했다. 휘문고보생들도 많이 검거되었으며, 뒤이어 벌인 동맹휴학사건을 지용은 이선근(문교부장관 역임)과 함께 주동하여 무기정학을 당하나 선배들이 구제에 나서 무사히 졸업한다.

그 학교 문예부《요람》지를 선후배들이랑 하고 그랬잖아요? 그 뭐《요람》지가 전부 학생들한테만 돌아다니는 게 아니고 선생님한테도 다 가고 그러거든요. 그 교지를 보고 다들 "이게 도저히 믿을 수 없는 아이다" 그 칭찬이 대단한 거죠. … 5년제 졸업을 하고 교주한테 인사를 하러 가니까 "넌 그래 졸업을 했으니 어떡할 거냐" 그래서 "공부를 더 하고 싶으나 가정 형편이 도저히 용서를 안 하고, 어디 취직을 해서 돈벌이를 하는 수밖에, 그래서 아버지를 도와주는 수밖에 없죠" 하니까 교주가 하는 말이 "내 말대로 하면 너 유학을 보내주마" 귀가 번쩍 뜨일 거 아닙니까. 유학까지 보내준다는데. 그 조건이 뭐냐고 물으니까 "유학을 보내줄 테니까 졸업하고 와서는 모교 교사로서 봉사를 해야 한다" 그렇게 하신 것이지요.

맏아들 구관 씨의 생전《옥천신문》과의 인터뷰이다.

지용은 졸업과 동시에 휘문 장학금으로 일본 교토의 도시샤(同志社) 대학 예과에 입학한다. 대학 시절 영문과에 다니면서 한국 문단과 일본 문단에 함께 데뷔한다. 1926년《학조(學潮)》창간호에 「카페 프란스」 등의 시와 시조 및 동요를 포함한 9편의 작품을 발표한다. 이어서《조선지광(朝鮮之光)》,《신민(新民)》등에 작품을 계속 발표하여 시인으로서 확고한 위치를 차지하며, 일본의《근대풍경(近代風景)》에 3년간 「카페 프란스」, 「바다」, 「갑판 위」 등 시 13편, 수필 3편을 발표한다.

《근대풍경》의 편집인 기타하라 하쿠슈(北原白秋)는 유학 시절의 지용에게 문학적 영향을 끼친 일본 문단의 비중 있는 인물이었다. 하쿠슈는 《근대풍경》을 창간하기 이전에 이미 10개의 잡지를 창간한 경험이 있으며, 1930년에 18권의 전집을 간행하는 등 활발한 활동을 하고 있었다. 그는 '언어의 연금술사'로 널리 알려져 있었다. 지용이 일찍부터 시에서 언어의 중요성을 인식하여 시어(詩語)에 세심한 관심을 가지게 된 것도 하쿠슈와의 만남이 하나의 계기가 되었을 것이다. 또 당시 지용에게 영향을 준 시인으로 윌리엄 블레이크를 들 수 있다. 지용의 졸업 논문 주제가 '윌리엄 블레이크 시 연구'였으며 《시문학》 2호에 「봄에게」와 「초밤 별에게」를, 《대조(大潮)》에 「소곡1」, 「소곡2」, 「봄」을 번역하여 발표한다.

지용은 1929년 3월 도시샤대학을 졸업하고, 9월에 모교 휘문고보의 영어 교사로 취임한다. 이때 분가하여 종로에 살림집을 차린다. 기나긴 타국에서의 타향살이 끝에 마침내 가정이라는 안정된 보금자리를 꾸민 것이다. 이듬해 《시문학》 동인으로 가담하면서 문단의 중심권에 자리 삽는다. 《시문학》의 출발은 김영랑, 박용철과의 만남에서 비롯된다. 지용은 용아(龍兒) 박용철이 《시문학》에 이어 발간한 잡지 《문예월간》과 《문학》에 계속 작품을 발표하며, 이런 인연으로 용아는 지용의 첫 시집 발간을 주선하여 시문학사에서 『정지용 시집』이 발간된다.

1932년에는 《신생》, 《동방평론》, 《문예월간》에 「고향」, 「열차」 등 10편의 시를 발표한다.

지용은 1933년 6월에 창간된 《가톨릭청년》의 편집고문을 맡으며, 여기에 많은 신앙시를 발표한다. 이해 8월에는 반카프적 입장에서 순수문학의 옹호를 표방하고 이종영, 김유영이 발기한 '9인회'의 창립회원이 된다. 이태준, 이무영, 유치진, 김기림, 조용만 등이 함께했다. 지용과 상허, 이태준이 주도하면서 휘문 동문인 박필양과 김유진을 끌어들인다.

지용은 1938년 《동아일보》, 《조선일보》, 《삼천리문학》, 《여성》, 《조광》, 《소년》, 《삼천리》, 《청색지》에 산문 「꾀꼬리와 국화」, 산문시 「슬픈 우상」, 「비로봉」, 평론 「시와 감상」, 그 외 수필 등 30여 편을 발표하며, 블레이크와 휘트먼의 시를 번역하여 최재서 편의 『해외 서정시집』에 수록한다. 한편 천주교에서 주관하는 《문장》지의 시 부문 선고위원이 되면서 1930년대 시단의 중심에 자리 잡는다. 《문장》지는 김연만이 출자하고 상허가 편집을 맡은 문예지였는데, 이 잡지를 시발로 한국 문단의 추천제가 정착된다. 엄격하고 권위가 있다는 정평이 난 추천 분야는 셋으로, 지용이 시를, 상허가 소설을, 가람 이병기가 시조를 맡았다. 여기서 지용은 박목월, 조지훈, 박두진의 청록파 시인을 비롯해 이한직, 김종한, 김수돈, 황민, 박남수 등의 시인을 추천한다. 그는 추천을 하고 나서 꼭 추천사를 썼다. 이 추천사가 당시 추천을 받으려는 시인 지망생들에게 큰 영향을 주었는데, 그 영향으로 지용의 아류가 양산되었다는 비난을 받기도 했다.

지용이 무명의 문둥이 시인 한하운을 발굴하여 그의 시집까지 내준 사연은 매우 애틋하다. 명동의 어느 문둥이 거지가 지녔던 원고 뭉치를 잡지 기자에게서 받아 든 지용은 그것을 읽으면서 무릎을 탁 쳤다.

아, 이건 참 시인 소질이 있는 사람이다. 클 수 있는 사람이다.

지용은 당장 발문을 써줬다. 당시에는 어떤 시인이 자기 시집을 내고 발문을 누가 쓰느냐에 따라 시인 등단 여부가 결정 났던 것이다.

도대체 이 사람이 성은 뭐고 이름은 뭐냐고 하니까 "한가요" 하고 가더래요. 그리고 어디론가 사라졌대요. 그래 지용이 "그 이름 없어도 좋아. 이름은 내가 지어주면 돼" 그래서 '어찌 하(何)'자, '구름 운(雲)'자, 어느 곳을 떠돌아 댕기는 구름이냐. 그렇게 한하운이란 시인의 이름을 지용 시인이 지어준 거래요.

구관 씨의 말이다.

한편 나중에 이승만 정권 때 빨갱이로 몰려 사형당하게 되는 죽산 조봉암의 딸 호정에게는 이름을 턱 보더니 조봉암이 상하이에서 독립운동을 했다는 것을 생각하고는 "호강(상하이에 있는 강 이름)에서 맺은 사랑이었구나"라고 호정이라는 이름을 애틋하게 풀어줬다고 한다. 지용이 이화여대 교수 시절 학생들 이름을 친근하게 다루는 모습이 엿보인다.

그는 시어를 다듬는 데 세심한 노력을 기울였다. 일상에서 흔하게 사용되지 않는 고어(古語)나 방언을 시어로 폭넓게 활용하고, 언어를 독특하게 변형시켜 자신만의 시어로 개발했다. 지용은 서구의 영문학을 전공한 시인답게 형태주의적 기법을 시도한 최초의 이미지스트이자 모더니스트였다.

김우창은 지용이 "감각과 언어를 거의 가톨릭적 금욕주의의 엄격함으로 단련하여 『백록담』에 이르면, 감각의 단련을 무욕(無慾)의 철학으로 발전시킨 경지에 이른다"고 보았다. 최동호도 "서구 추구적인 아류의 이미지즘이나 유행적인 모더니즘을 넘어서서 우리의 오랜 시적 전통에 근거한 순수시의 세계를 독자적인 현대어로 개척함으로써 한국 현대시의 성숙의 결정적인 기틀을 마련한 시인"이라고 평가한다.

1940년에 지용은 《여성》, 《태양》, 《문장》, 《동아일보》, 《삼천리》에 기행문 「화문행각(畵文行脚)」과 서평 및 시선 후평과 수필, 시 「천주당」 등을 발표한다. 이듬해에는 《문장》 22호 특집으로 「조찬」, 「진달래」 등 10편의 시가 특집으로 실리며, 둘째 시집 『백록담』이 문장사에서 발간된다.

그분은 우리 한복을 많이 입었어요. 겨울에는 명주 두루마기를 까맣게 물들여서 입고, 구두 신고 출근하고 다녔지요. 제자들이나 아이들이 양복을 입으시라고 해도 꿈쩍을 안 하셔요. 그러면서 하는 말이 내가 최소한도로 조선 사람이라는 표시는 한복을 입는 것밖에 없다고 하셨지요. 학교 가면 가르칠 때 일본말을 해야 되고, 이거 아니고는 내가 조선 사람이라는 것을 무엇으로 인정하겠느냐, 표시하겠느냐. 그래서 그렇게 입고 다닌다는 것이지요. (구관 씨)

지용은 1944년에 일제의 서울 소개령으로 부천군 소사읍 소사리로 나가 천주교 성당 건축일을 도우면서 생계를 꾸려간다. 월급날 월급을 타 가지고 서울의 가족에게 생활비를 건네주려고 기차에서 내렸을 때 대합실에서 여인의 통곡 소리를 들었다. 그는 노잣돈을 소매치기당했다는 딱한 하소연을 듣고 월급봉투를 그대로 내주면서 집에 돌아가는 대로 빨리 갚으라고 당부했다. 며칠째 기다리다 월급을 통째 떼인 사실을 알게 된 부인은 순진한 시인의 아내임을 탄식했다고 한다.

1945년 광복 후 지용은 이화여전 교수가 되어 국어와 라틴어를 가르친다. 이듬해《경향신문》이 창간되자 노기남 주교의 천거로 주간지를 맡으며,《경향신문》에「청춘과 소년」등과 7편의 역시(휘트먼 원작) 등을 발표한다.

1948년 지용은 이화여대 교수직을 사임하고 녹번리(현재 서울 은평구 녹번동) 초당에서 서예를 하며 소일한다. 이때 어느 잡지에서 월북했다는 허위 기사를 보도한다. 지용은 그 잡지를 가지고 당시 반공 검사로 유명한 오제도 검사를 찾아가 대책을 협의한다.

1950년 6·25전쟁이 일어나자 지용은 정치보위부로 끌려가 구금되며 정인태, 김기림, 박영희 등과 서대문형무소에 수감되었다가 그 후 납북 과정에서 폭사당한 것으로 추정된다. 하지만 그는 전쟁 당시 납북이냐, 월북이냐에 대한 시각 차이로 인해 한국 현대시사에서 금기시된 이름으로 남게 된다. '한국 현대시의 아버지'로 공인되어온 그의 시는 교과서에서 사라졌으며, 학술논문에서조차 그를 언급해야 할 때는 '정○용'으로 흉물스럽게 인용되었다.

그러다가 1980년대 들어 급기야 한국 현대시에서 지용을 살려내야 한다는 움직임이 일었다. 이 운동의 중심에는 지용의 장남인 구관 씨가 있었다. 그가 발로 뛰어 받은 문학계 인사들이 서명한 해금탄원서와 납북 당시의 증언들이 기재되어 있는 각종 문헌들의 조사 자료, 당국에 조사 의뢰하여 받은 납북 행적 자료 등이 제출되었다. 마침내 1988년 도서출판 깊은샘에서 발행한『정지용의 시와 산문』작품집에 대해 납본필증이 교부되었다.

내가 본 정지용

지용은 우리 현대시사 그 자체다. 1908년 육당 최남선의 「해에게서 소년에게」로 한국 현대시가 시작된 이래 1925년에 나온 소월의 「진달래꽃」과 만해의 「님의 침묵」이 율조의 깊이로 기여했다고 한다면, 한국 현대시를 언어의 높이로 지탱한 시인이 정지용이다. 그는 1930년대 모더니즘의 영향권 아래 출발했으나, 그 테두리를 벗어나 동양의 고전과 우리의 전통과 만난다. 그의 시의 청신한 이미지는 서양시의 단순한 역어적인 차원에서 온 것이 아니라 보다 동양적인 흐름에 존재하는 것으로, 이 같은 성격이 한국 현대시사상 그를 가장 탁월한 시인이게 하는 이유라고 본다.

지용은 초기부터 시의 공간성을 확대시켜나갔다. 탁월한 이미지가 도처에서 번뜩이고 있다. 눈에 선하게 보이는 이미지를 만들어냈을 뿐 아니라 새로운 언어 감각으로 시를 썼다. 지용 이후의 시인 또는 동년배의 시인조차도 그의 영향을 받지 않은 시인이 없다는 사실은 그에 의해 한국의 현대시가 비로소 한 장르를 형성하게 됐음을 뒷받침하는 것이다.

유자효(시인, 지용회장)

16

소월 김정식
서정시의 깊이를 더한 대표 민족시인

한국의 산하, 밤과 낮, 사계(四季)를 한껏 읊조리던 민족 서정시인 소월(素月) 김정식(金廷湜)의 아름다운 음률은 그가 떠난 지 오래인 오늘에도 우리 마음속에 생생하게 울려 퍼지고 있다. 「진달래꽃」, 「벗마을」, 「봄못」, 「밭고랑에서」, 「만리성」, 「산유화」 등등.

소월 김정식은 1902년 9월 7일 평북 구성군 왕안동에서 김성도(金性燾)와 장경숙(張敬淑)의 남매 중 아들로 태어났다. 그의 직계 후손은 모두가 부인 홍단실과 고향에 남았고, 3남 정호 씨만 반공포로로 월남하였다.

아이들 학교에서도 소월의 후손인 줄은 까맣게 모릅니다. 잘났으면 그분이 잘났지 제가 그 이름 밑에 가리기 싫다는 것입니다. 혹 친구들하고 술 마시러 가면 소월의 이름을 파는 동료들이 있는데 딱 질색입니다. 공연히 마음가짐이나 행동에 조심이 가게 되거든요, 거리낌 없이 마실 때는 떠들어야 사는 맛이 나는 것 아닙니까? (3남 정호 씨)

이렇듯 진지하게 하소연히는 정호 씨는 비교적 건장한 체구이다. 어디엔가 시심이 배어든 탓인지 활짝 생기를 머금었다.

누구든지 자기 고향이 제일 좋다고 합니다만 우리 고향의 산과 들판은 정말 아버님이 읊으신 시 속의 풍경을 고스란히 닮은 것이지요. 봄철이 면 진달래꽃·철쭉꽃이 온 누리를 덮었는데, 창경원 벚꽃이 만발할 때보 다도 더 장관을 이룹니다. 도처에 우거진 꽃 숲속을 거니노라면 문득 시 심이 자연히 우러나게 마련이지요. 아버님이 돌아가신 다음 어머니는 보 따리를 머리에 이고 저는 괴나리봇짐을 등에 지고 이 화사한 고향 땅을 떠나오고 말았는데 그 꽃길이 지금도 잊히지 않는군요.

소월의 조부 김상주는 금광에 손을 대 부유한 편이었으나 엄격한 유교의 영향으로 그가 나타나면 우물가에 모여 있던 동네 처녀들이 도 망갈 정도였다. 이처럼 엄격한 집안에다 부친 김성도마저 정주―곽산 간 철도를 부설하던 일인 부랑배들에게 얻어맞아 정신이상 증세를 일 으켰으니, 네 살 된 소월의 앞날에 커다란 충격을 안겨준다.

1909년 소월은 남산학교에 입학하는데, 그의 숙모 계희영 씨의 회 상에 의하면 당시 소월은 나이 어린 학생이었음에도 불구하고 나이 많은 학생들 틈에 끼여 언제나 우등을 했다고 한다. 그는 이 학교에서 나중에 《조선일보》 주필을 지낸 서춘, 천도교 대이론가가 된 이돈화 등을 스승으로 섬기기도 한다.

소월은 1916년 오산학교에 진학하며, 3·1운동 후 이 학교가 폐쇄될 때까지 만 3년 수학하는데, 이때의 교장이 바로 고당 조만식이다. 고당은 소월을 재주 있는 학생으로 꼽았으며, 소월 또한 그 후 고당의 이니셜을 따서 「JMS에게」라는 시를 쓰리만큼 강렬한 영향을 받았다.

또 이때 스승 안서 김억의 영향 아래 시를 쓰기 시작한다. 안서는 그의 프랑스 상징파 시를 중심으로 한 해외시 공부와 우리말 시에 대한 조예는 단연 타의 추종을 불허하는 바가 있었다. 그는 소월의 시재를 간파하자 곧 시 쓰기를 권했다. 소월은 안서의 주선으로 1920년 3월에 나온 《창조》 5호에 「낭인의 봄」, 「야(夜)의 우적(雨滴)」, 「그리워」 등 민요풍의 정과 한을 담은 가락의 첫 작품을 내놓는다.

소월은 1922년 배재고보로 진학하는 동시에 주로 《개벽》을 통해 본격적으로 작품을 발표한다. 한 해 50여 편을 발표하며 이 중에는 「금잔디」, 「엄마야 누나야」, 「진달래꽃」, 「먼 후일」 등 주옥같은 대표작들이 수록되어 있다. 이듬해 《개벽》 신년호에 월탄 박종화는 소월의 시를 이처럼 찬탄하고 있다.

아아 우리의 시 속에 얼마나 아름다운 기교가 있으며 얼마나 아름다운 조율이 흐르며 정서가 솟는가. 무색한 우리 시단에 이러한 작품이 있음을 기뻐하여 마지아니한다.

소월은 1923년 배재고보를 졸업, 도쿄상대에 입학하는데 이듬해 조부의 사업 실패로 귀국하나 더욱 시작에 몰두하여 「못 잊어」, 「예전엔 미처 몰랐어요」, 「가는 길」, 「산」 등 가작들을 토해낸다. 또 문우 나도향과도 깊이 사귀어 나란히 문학 활동을 벌이며, 1924년에는 동인지 활동에도 가담하여 《창조》의 후신으로 김동인이 기획, 발족시킨 《영대》 동인이 되는데 그 주요 멤버는 소월, 김동인, 주요한, 김억, 전영택, 김유나, 오천석 등이다.

아버님은 청년 시절에 남들과 어울려 노는 것을 싫어했다고 해요. 아버님의 고향 후배들의 얘기를 들어보면 아버님은 남산봉 등 산 위에 올라가서는 시를 쓴다고 하면서 가르치곤 하셨다는데 도대체 시를 쓰는 것이 무엇인가 했더니 오늘날 그렇게 유명해질 줄은 몰랐다고 하더군요. 아버지의 고향 친구인 김상무 씨의 얘기로도 "정식이 거 뭐 하나?" 했다는 것인데, 그때 그분은 서울의 의학전문에 다니고 선친은 배재고보 학생이었지요. 참 엊그제 당시 배재고보 성적증명서를 보니 44명 중 4등을 하셨더군요.

소월의 작품은 《영대》 3호에서부터 실렸는데, 「밭고링 위에서」도 그중 한 편이다.

소월은 대체로 이때부터 그 곱고 맑은 가락 대신 좀 질박하고 굵직한 음성을 그의 작품에 담아보려고 꾀했던 것 같다. 그러나 우리가 알고 있는 한, 그의 그런 시도가 제대로 열매를 얻지는 못했던 것이 아니었나 생각된다. 역시 그의 시는 체질적으로 한과 애수에 젖어 있을 수밖에 없었던 것일까. (김용직 서울대학교 교수)

소월의 유일한 시집 『진달래꽃』은 1925년에 발간되었으며, 111편의 민요조 서정시들이 수록돼 있다. 소월은 1934년 12월 24일 평북 남시에서 33세를 일기로 별세했다.

해방 후 아들 정호 씨가 초등학교에 다닐 때 북한 공산당은 소월의 아들이 있다는 사실에는 관심을 보이지 않았으나 교과서에는 「진달래꽃」, 「금잔디」 등 소월의 작품이 실려 있었다고 한다.

17

홍종인

한글을 사랑한 애국 언론인

홍종인(洪鍾仁)은 한국 언론계에서 '대기자 홍박'으로 통해온 언론인이다. 《조선일보》 편집국장·주필, 동화통신 회장 등 을 지낸 그는 일찍이 정부 수립 후 한국산악회장으로 산악대원들을 이끌고 독도에 상륙하여 '한국땅' 표지판을 각인한 행동파 언론인이자 애국지사이다.

헌칠한 키에 잘생긴 용모에다 한국신문편집인협회를 발기하고, 박물관협회장을 지냈는가 하면 논설과 취재, 사회면에서 문화면에 이르기까지 어느 분야에도 출중한 만능기자여서 《독립신문》 이래 한국의 대표 기자로 추앙받는 인물이다.

훤하게 트인 이마, 드골 코보다 더 멋있는 반듯한 코, 호랑이 눈썹, 용의 눈망울, 복스런 귀, 두툼한 입술, 부드러운 머리, 당당한 풍채, 어느 것 하나 버릴 데 없는 호연지기(浩然之氣) 상에다 청천백일의 곽호조명의 심정마저 텔레파시를 통한 장부지상(丈夫之像)에서 무한한 기자로서의 자긍심을 저절로 느끼게 한다. (『대기자 홍박』, 강승훈 전 《대한일보》 편집부 국장)

홍종인은 주필 시절 한글로만 사설을 쓴 한글 사랑 언론인으로 특히 돋보인다. 광복 후 '마음 놓고 우리말을 서로 주고받을 수 있다'는 사실이 가장 큰 감격이었다. 서재필 박사가 《독립신문》을 만들 때의 한글 쓰기 정신을 본받고자 한 것이다.

홍 선생님의 '외고집' 중 으뜸은 아마도 우리말 사랑, 우리글 사랑일 것이다. 홍 선생님은 『인간의 자유와 존엄성』과 『신문의 오늘과 역사의 내일』을 펴내셨다. 두 권의 책에는 한자라고는 전혀 찾아볼 수 없다. '한문 문자를 함부로 또 허루루 쓰는 예'와 '일본어에서 마구 옮겨다 쓰는 말들'을 설명하는 대목에서 한문 글자를 보기로 들었을 뿐이다. (『우리말 우리글 사랑』, 신우식 전 《서울신문》 사장)

홍종인은 우리말 우리글 사랑에 관한 글을 많이 남겼다. 「우리말을 아끼는 뜻에서: 문학가·예술가 여러분께 드림」(《자유문학》 1956년 6월 창간호), 「신문문장 서론」(《저널리즘》 1970년 봄호), 「신문은 한글을 너무 푸대접한다」(《기자협회보》, 1970년 5월 8일), 「내 말과 내 글은 민족의 생명의 근원」(《동화그라프》 1976년 1월호), 「국어운동의 새 물결 국어연구원을 추진하라」(《동화그라프》 1976년 6월호) 등이 그 몇 가지다.

우리말 우리글 사랑이 마음과 몸에 배어 있다시피 한 홍 선생님은 몸소 쉬운 글을 써서 누구나 막힘없이 알아볼 수 있게 하셨다. 한문 문자 한자 없는 글에서 하고 싶은 말, 주장하고 싶은 바를 다 펼치신다. 이것은 홍 선생님 스스로 말하셨듯이 지방지국 기자로 시작하여 평생을 기자로 보내면서 누구나 읽어서 잘 알 수 있는 글을 써오셨기 때문이다. (『우리말 우리글 사랑』)

신문 기사는 쉬운 우리글로 써야 한다는 것이 홍종인의 한결같은 주장이었다.

나는 한글 전용이라고 해서 한문자를 무시하는 것도 아니다. 한자도 배워야 한다고 생각한다. 그러나 우리들은 한문 중독증에서 빨리 벗어나야 할 것을 주장하면서 적어도 신문만은 되도록 쉬운 우리말과 우리글로 씀으로써 국민 대중에게 알려야 할 책임에 충실하여야 할 것이라고 생각한다. (『신문은 한글을 너무 푸대접한다』)

홍종인은 신문사에서 정년 후에도 한국의 어느 신문사이건 무상출입하면서 사장에서 일선 기자에 이르기까지 혹은 쓴소리로, 혹은 격려의 말씀으로 명실상부한 원로역을 해왔다. 까다로운 개성분자들이 백화제방하는 언론계에서 이처럼 누구나 알아주는 '어른'으로 통할 수 있었던 비결은 아마도 꾸준한 박학다식을 다져온 독서열과 상대를 배려하고 아끼는 신사도(紳士道)의 실현과 청렴결백을 솔선수범한 노블리스 오블리즈에서 찾을 수 있을 것이다.

정부 수립 후 전국의 대학, 고교에서 학교당 10명씩 해양산악훈련단을 조직해 국토를 우리 스스로 지켜야 한다면서 독도 지키기 순찰행을 하셨지요. 저는 당시 보성고교 산악반원으로 운 좋게 따라가게 되었지요. 그 후 우리가 명륜동 집에 살 때 명절이면 갈비짝에 사과상자 등 각종 선물들이 마당에 그득히 쌓이곤 했는데, 당시 신문사 간부 시절인데 선친께서는 퇴근해 보시고는 빨리 돌려주라고 불호령이셨지요. 신문사 운전수들이 밤늦게까지 역배달하느라 고생들 했지요. 그래서 형님들은 일찍이 미국 등 외국으로 이민 가셔서 그곳에서 자립해 성공하여 부모님을 모셔가곤 했지요. 아무리 바쁘셔도 후배 기자들이 결혼식 주례를 부탁하면 꼭 서주셨고, 사례를 하려 하면 박봉에 무슨 돈이 있느냐고 야단쳐 돌려보내시며, 글이나 열심히 쓰라고 격려하셨지요. (3남 순구 씨)

홍종인은 1903년 11월 27일 평양시 수옥리에서 홍재문(洪在雯)과 곡산 강씨 사이에 장남으로 태어났다. 그의 인격 형성과 성장 과정에서는 모친의 영향이 컸던 것으로 보인다.

"시대의 교훈과 가정의 배경, 특히 어머니의 엄하신 채찍 밑에 위태로운 청춘이면서도 줄곧 한길을 찾아나갈 수 있었다"고 술회한다. (『인간의 자유와 존엄』, 수도문화사, 1965년)

그는 평양고등보통학교에 다니다가 3학년 때 3·1운동이 일어나자 「독립선언서」를 배포한 뒤 동맹휴학사건에 연루되어 퇴학당하자 1920년 가을 정주 오산학교로 전학한다. 당시 설립자 남강 이승훈은 3·1운동 민족대표의 주역으로 옥중에 있었으며, 교장은 조만식이었다. 홍종인이 오산학교에 다닌 기간은 불과 반년 정도에 지나지 않았으나 교장 조만식으로부터 많은 영향을 받았다.

이분은 일본에서 공부하고 방학 때 돌아올 때면 부산에서 봇짐을 풀어 한복으로 갈아입고 갓을 쓰고 평양으로 오셨다는 그런 분이었습니다. 언제나 한복을 입고 아침마다 조회 시간에 훌륭한 강연으로 우리에게 교훈을 수시곤 했습니다. 그 영향을 우리는 많이 받았습니다. (KBS〈인간 만세〉홍종인, 1987년 11월 1일)

함석헌도 같은 때에 오산학교에서 공부했으며 홍종인보다 두 살 위였다. 1921년에 오산학교를 졸업하고 시골 사립학교에서 잠시 어린이들을 가르치다 일본 유학길에 오른다. 고학하려 했으나 각기병에 걸려 심장이 붓는 증세가 나타나 평양으로 돌아온다.

다시 그는 약 2년간 소학교 교사 일을 하다가 1926년 6월에 《시대일보》 평양지국 기자가 된다. 《시대일보》는 그 전해 3월 31일에 최남선이 창간한 신문이었다.

신문기자 생활은 홍종인의 적성에 잘 맞았다. 기자가 된 후에 쓴 기사가 《시대일보》에 크게 실린 것을 보고 그는 큰 보람을 느낀다. 평양 근교에 살던 미국인 의사가 동네 아이의 얼굴에 초산으로 '도적'이라는 글자를 쓴 사건을 취재했을 때였다.

거기서 어떤 여자가 나와서 통역을 해요. "사람을, 인종을 모독하는 것 아니냐. 어째서 사람의 얼굴에다 '도적'이라는 이름을 쓸 수 있느냐"고 항의했는데, 그 기사를 자세히 문답 형식으로 해서 그 사람 하는 말대로 논박하는 기사를 써서 보냈더니 그것이 커다랗게 《시대일보》에 게재되었습니다. 아, 내 손으로 쓴 그 기사를 보니까… 내게는 어떻게 그렇게 장하게 보였는지. 그 기사를 보고 여러 사람들이 칭찬을 하고 잘했다고 하는

데 우리가 미국 사람들 신세를 지는데 너무 욕하게 되면 일본 사람들 편을 드는 꼴이 되니 그러지 말라고 조심하라고 하는 말들도 들어봤습니다. (KBS 〈인간만세〉)

《시대일보》는 홍종인이 입사한 후 경영난으로 인해 이듬해 11월 이상협에 인수되어 제호가 《중외일보(中外日報)》로 바뀐다. 그는 이즈음 평양에서 《백치(白痴)》라는 동인지를 발행한다. 홍종인은 한수철 등과 만든 이 동인지의 발행인 겸 편집인이었으며, 제2집까지 냈다.

《중외일보》 본사로 올라온 홍종인은 뛰어난 기량을 발휘하며, 1930년 1월에는 부산 조선방직 노동자 2000여 명이 벌인 조선 최대의 파업 현장을 취재한다. 3월에는 상하이에서 독립운동을 벌이다 서울로 호송된 여운형의 예심 종결에 관한 호외를 밤새워 만들어 발행하는 기민성을 발휘하기도 한다.

여운형의 재판에는 방청권을 얻기 위해 그 전날 저녁부터 수백 명이 법원 문전에 몰려와 밤을 새우기까지 했다. 《동아일보》, 《조선일보》, 《중외일보》의 3파전 경쟁이 치열하던 때였는데, 《중외일보》의 사세가 가장 약했으므로 홍종인은 특종을 빼내기 위해 쓰레기 더미를 뒤져서 법원에서 작성한 예심결정서 프린트 등사 원지를 찾아내는 극성까지 부렸다. 그러나 《중외일보》는 재정 형편이 파탄 상태였다. 급료를 받지 못한 공무국 직원들이 태업을 벌여 신문 발행이 지연되고 있는 상황이었다. 홍종인은 일찍부터 계획하고 있던 호외를 시기를 놓치지 않고 발행해야 한다는 절박한 심정에서 자신의 생명을 재촉하는 것 같았다. 재정 상태가 가장 열악한 《중외일보》에 근무하는 자신의 처지가 안타까웠다. 그런 상황인데도 홍종인이 호외 발행을 감행한 것은 여운형이라는 인물의 비중도 컸지 만 공개하지 못했던 중대한 사실을 독자들에게 알려야겠다는 사명감에 불탔기 때문이었다. (『대기자 홍박』)

그러나 홍종인이 심혈을 기울인 이 호외는 검열에 걸려 압수당하고 만다. 《중외일보》는 재정난을 이기지 못하여 폐간되며, 홍종인은 약 2개월 후인 1930년 12월 《조선일보》에 입사한다. 그리고 얼마 지나지 않아 안재홍 주필에게 필력을 인정받아 사회부 기자로 발탁된다. 하지 만 당시 《조선일보》도 경영 상태가 좋지 못했다. 1932년 6월부터 임경 래와 안재홍 간에 경영권을 둘러싼 판권 경쟁이 표면화되어 사원회가 조직되는데, 홍종인은 팔봉(八峯) 김기진(金基鎭) 등과 함께 그 실행위 원 9명 중 한 명으로 선정된다.

《조선일보》는 1933년 3월 방응모가 경영권을 인수하여 재정 상태가 안정되며, 홍종인은 1935년에 사회부 차장으로 승진하여 1936년 8월 베를린 올림픽 때는 손기정 선수의 우승을 전하는 호외 발행을 진두 지휘한다. 이듬해에는 《조선일보》 제작 과정을 영화로 만드는 작업을 주관해 예술의 소양을 발휘한다.

이해에 홍종인은 일본 무사시노음대 피아노과 출신의 유수만과 결 혼한다. 유수만의 제자로는 신재덕(오재경 전 문공부장관 부인) 씨 등이 있다.

《조선일보》 사회부 차장 시절 홍종인은 '홍박'이라는 애칭을 얻게 된 다. 그는 당시를 이렇게 떠올린다.

그때 장마가 지루하게 계속되어 삼남 일대의 수해가 전국적인 대사건으로 보도되며 일기예보 기사가 매일같이 특별기사로 보도되었다. 데스크도 보고 밖으로도 드나들면서 이따금 일기예보 기사를 읽어보면 엉망인 것이 적지 않았다. 그래서 '이게 무어냐'고 모두 뜯어고치다 보니 어느 누구도 일기예보 기사에 손을 대려고 하지 않았다. 그때 누군가가 나를 놀려대느라고 천기박사라고 한 것 같다. 그 후 사회부 한구석에서 붙여진 '박사홍'의 별명이 버젓이 사내에서 통하며 사회에서도 통하는가 하면, 나중엔 '홍박사'라기가 귀찮다고 '홍박'이라고 부르게 되었다. (《월간중앙》, 1971년 9월)

홍종인은 이 별명을 좋아했다. '명예박사'라는 것도 사방에서 운동하고 간청해서 받는다는데, 자신은 대학의 심사도, 정부의 인가 절차도 없이 친구들이 좋아서 불러주는 박사이니 별호로서는 이 이상 자연스럽고 명예로운 것이 없다는 것이다.

그는 '홍박'이라는 별명에 어울리게 음악, 미술, 문학, 등산, 테니스 등 다방면에 걸쳐 취미를 가지고 글도 썼다.

1938년에는 사회부장으로 승진한다. 《조선일보》가 1940년 폐간된 후 홍종인은 《매일신보》에 들어간다. 신문기자를 천직으로 알았던 그가 활동할 수 있는 무대는 그곳밖에 없었다. 그러나 그에게 그것이 씁쓸한 흔적이었다.

내 기자 생활 중 《매신》(《매일신보》)만 빼면…. 그땐 세 신문사(《조선》, 《동아》, 《매일신보》)를 합치니 뭐니 말이 있어서 옮겼지만…. 다 망해가는 놈의 나라. 망국의 마지막 꼴을 신문사에서 지켜보고 싶었던 건 사실이야. (『조선일보 사람들』)

1945년 《조선일보》가 복간되자 홍종인은 사회부장으로 복귀한다. 이듬해 8월부터 1947년 5월까지는 정경부장을 맡으며, 이후 편집국장을 겸한다.

홍종인은 1946년 9월 편집국장이 된다. 좌익 노조의 총파업으로 서울에서 단 한 장의 신문도 발행되지 않았던 '암흑의 날'(9월 26일)이 있고 난 바로 다음 날 이건혁의 후임으로 편집국장이 된다.

홍종인은 1947년 곽복산이 개원한 신문학원의 연습주임도 맡아 오소백 등 유수한 언론 후진을 키운다. 이 학원은 국내에서 처음으로 신문기자를 양성한 유일한 언론인 교육기관이었다. 1948년 11월부터 1959년 9월까지 10여 년간 주필로 있으면서, 같은 기간 1952년 4월부터 1958년 11월까지는 부사장을 겸하며, 1955년 9월부터 1963년 5월까지 취체역 회장을 맡는다.

그는 엄청난 독서량에다 취미도 등산, 테니스, 미술, 사진, 음악 등 다양했다. 특히 음악 평론은 수준급이었다.

홍종인은 "나는 중학교(오산학교)까지밖에 못 다녔다. 신문사에 들어와서 일하면서 배우며 배우면서 일해왔을 뿐… 지금 생각해도 부끄럽다"고 했다. 하지만 그 때문에 그는 더욱 분발했다.

1954년 제1차 한일회담 취재차 일본 도쿄를 방문한 홍종인은 신문사 특파원들에게 "손색없는 한국 특파원으로서 활동하는 데 보태 쓰라"면서 격려금을 주기도 했다. 비행기 대신 기차와 배를 타면서 아낀 돈이었다.

1954년 광복 후 첫 수습기자가 들어왔을 때 홍종인은 그들에게 영어학원비를 지원해주도록 주선하기도 했다. 회사 사정이 월급 주기도 어려운 때였다.

홍종인은 기자의 품위와 권위를 중요하게 여겼다. 그가 편집국에 나타나면 넥타이를 매지 않은 기자들은 화장실, 복도 등으로 피신했다. 머리가 덥수룩한 기자를 보면 돈을 주어 이발소로 보냈다.

1960년대 출입처 기자실에는 종종 포커판이 벌어졌다. 어느 날 현장을 덮친 홍종인이 "손 들어!"라고 외쳤다. 양손을 번쩍 든 사람, 손을 든 채 카드를 뒤로 던지는 사람, 판돈을 움켜쥔 사람 등 현장은 아수라장이었다. 촌지를 받아 놀음판을 벌여서는 사회를 계도하는 언론인이 될 수 없다는 부끄러움을 깨우친 것이다.

홍종인은 1963년 회장을 끝으로 《조선일보》를 떠난다.

1974년 《동아일보》 광고 탄압 사태 때 홍종인은 개인 이름으로 10만 원을 내고 자신의 주장을 담은 '언론 자유와 기업의 자유'라는 의견광고를 실었다. 언론계 어른으로서 유신정권의 사슬에 굴하지 않는 용기를 후배들에게 보인 것이었다. 그때부터 《동아일보》에 개인 이름의 광고가 쏟아져 들어왔다. 유신정권이 프레스카드제를 실시하려 하자 그는 언론탄압책이라며 명함 크기의 반대 전단을 만들어 일일이 뿌리고 다니기도 했다. (『조선일보 사람들』)

홍종인은 1998년 6월 10일 서울 영동 세브란스병원에서 별세하며, 한국신문편집인협회장으로 경기도 용인 공원묘원에 안장된다.

육사 이활
앞으로도 사랑받을 항일 순국시인

청포도가 알알이 익어가는 마을은 바로 육사(陸史) 이활(李活)의
고향.

일제하 항일의 의지를 시심 속에 담뿍 적셔오던 육사 이활은 그의
아호로 감방 속 그의 수인 번호 64(또는 264)를 아로새기다 일제 말 베
이징의 감옥에서 옥사한 항일 순국시인이다. 그는 1904년 경북 안동
군 도산면 원촌리 881번지에서 아은(亞隱) 이가호(李家鎬)와 의병장 허
위의 딸 김해 허씨 사이에 5형제 중 차남으로 태어났다.

안동읍에서 동북쪽으로 50리쯤 들어가면 퇴계 이황을 기리는 도산
서원이 낙동강의 지류를 내려다보고 있는 아득한 선경(仙境)이 나타나
고, 여기서 10여 리 동서쪽으로 산성을 끼고 가면 왼쪽으로 내려다보
이는 마을이 바로 육사의 고향 원촌이다.

태백산맥이 뻗어 남향한 마을 앞에는 낙동강이 흐르고, 오른편으

로 탕건봉이 쌍으로 읍하고, 왼쪽은 왕모성이 포근히 감싼 풍수의 으뜸을 이루는 산자수명이 그대로 펼쳐지고 있다. 그래서 바로 왕모성 자리는 고려 말 공민왕이 난을 피해 피난처로 삼았다던가?

하지만 이처럼 수려한 산수를 현대문명이 시샘하는 탓인지 바로 이육사의 고향은 이미 안동댐 수몰지구로 확정되어 물속에 묻혀버리고 말았다.

부계의 한학에서 육사는 성당시(盛唐詩)의 낭만을 익히며 모계의 기개에서 항일의 행동철학을 이어받아, 문과 무가 조화된 인물로 성장한다. 그와 핏줄을 같이한 형제들의 기질 역시 이처럼 문예와 활달의 경지를 겸해 모두 출중한 면모를 보여주었다.

맏형 원기(源祺)는 김창숙, 여운형 등과 교유하여 1925년 항일투쟁 집단이던 정의부와 의열단에 입단하여 활약하던 중, 1927년 가을 장석흥 의사의 조선은행 폭탄투척사건을 계기로 두 아우(육사, 원유)와 함께 일경에 체포되어 2년 7개월의 모진 형독을 겪고 그 상처로 1942년 별세했다. 한학을 전공한 그는 보학에 밝아 『기묘명현록』(조광조 사건 때 명현들의 행적을 저술한 책)을 진주에서 펴내 독립운동 자금을 모으기도 했다. 둘째인 육사에 이어 셋째인 원유(源裕)도 독립운동을 하다 투옥되기도 했으며, 넷째인 원조(源朝)는 문학평론가로 이름을 날렸다.

육사는 16세 때까지 조부에게 한문을 배우며 조부가 연 보문의숙에서 신학문을 배운다.

숙부에게 글 가르치신 증조부님은 한문을 잘하셔서 도산에서는 영수급의 유학자였고 구한말 민태호 등 실력자가 벼슬을 주겠다고 몇 번이나 만나자는 것을 끝내 피했다고 해요. 이러한 선비 기질을 이어받아 할아버지(육사의 부친)도 이천군수를 준다고 했으나 상투를 잘라야 한다는 말에 단발을 거부하고 끝내 취임하지 않았지요. 우리 부친과 숙부님이 일제하에서는 번번이 구속되시곤 하여 숙부님이 예비검속에서 풀려나오곤 하신 것을 꼽아보니 17번이나 돼요.

일제하 우리가 대구 수성동에 살 때 부친 형제들은 요시찰인으로 지목된 채 함께 계셨는데 그분들 형제 우애가 두터워서 동네에 '참봉댁 우애'로 소문나 있었지요. 밖에서 겪은 신상의 일로 집에 와서 불평을 하는 일이 전혀 없었지요. 그런 내력 때문인지 우리 집안은 지금도 분가하지 않아 조카들이 모두 내 집에서 어울려 살지요. 할머니(육사의 모친)도 문과 필에 모두 뛰어나 보통 현부인이 아니었는데, 참말로 그 어머니에 그 자식들이라는 말을 들으셨고, 일제강점기 때 아들 4형제가 투옥되었을 때도 묵묵히 서신을 쓰셔 울분을 달래곤 하셨지요. (장조카 동영 씨)

어려서부터 모친의 가르침대로 눈물을 흘리시 않았고, 설령 어른이 야단을 쳐도 잘못이 없을 때는 끝내 굴하지 않았다는 강직한 성격을 지닌 육사는 1921년 안일양 씨와 결혼하고 대구 교남학교로 진학한다.

이듬해 일가가 고향을 떠나 경북 안동군 녹전면 둔번동을 거쳐 대구로 이사하는데 육사는 그 후 1925년 원기·원유 형제와 함께 의열단에 가입하며, 이후 6개월간 일본 도쿄로 건너갔다가 귀국, 이듬해 중국 베이징으로 간다. 다시 귀국한 지 3개월 만에 재차 베이징에 간 육사는 베이징사관학교에 입학하는데 이때 군번이 1번이었다.

1927년 가을 귀국한 그는 장석흥 의사의 조선은행 대구지점 폭탄사건에 연루되고 원기·원유 형제와 대구형무소에 투옥돼 3년간 복역한다.

베이징 가실 때도 장사 일로 간다 하셨고 3형제분이 집안에서 무슨 말씀도 안 하셨지만 나중에는 저도 그분들이 항일운동을 하는 것을 다 알았지요. 가택수색을 여러 차례 아주 철저히 당해 기왓장까지 하나하나 다 들어내고 뒤진 정도였지요. 나도 몇 번 경찰서에 끌려갔었는데 첫 번 고문을 하면서 그분의 베이징행 여비는 누구 돈이냐고 다그쳐 '관련자가 있으면 큰일'이라고 생각하여 친정에서 준 용돈을 그분이 길을 떠난다고 하여 그냥 보태준 것뿐이라고 잡아뗐었지요. 사식을 넣으려고 하니 판사가 못 넣게 하더군요. 의복을 만들어 시동생이 감옥에 가져가곤 했는데 입으셨던 옷은 피투성이더군요. (부인 안일양 씨)

육사는 1929년 출옥한 후 다시 베이징으로 가 이듬해 베이징대학 사회학과에 입학한다. 1933년 다시 귀국한 그는 시작뿐 아니라 수필, 시평, 중국 문화론에서 영화 시나리오에 이르기까지 광범한 문학 활동을 벌인다.

그즈음 위당(정인보) 댁에서 육사와 처음 만나 그 후 죽 교분을 맺어왔지요. 퇴계의 후예라는 선입견 때문인지 멋을 담뿍 지닌 동양적 신사라는 인상을 받았고, 보통 혁명가와는 달리 섬세한 감성을 지녔으며, 그의 시작은 대개 한시적 소양에서 나와 리얼리티와 로맨틱의 경향을 띤 성당기(盛唐期)의 수법이 많이 가미되었지요. 술을 밤새도록 마셔도 자세를 조금도 흘뜨리지 않고 허튼소리 한마디 하지 않았습니다. 여자를 희롱하지도 않았고 취하면 겨우 버선을 벗는 정도였지요. 주량이 어느 정도인가 하면 아침 그 댁에서 식사를 하는데 사발로 동동주 아홉 잔이나 마시고도 끄떡없었지요. 매무새가 늘 단정하고 얼굴이 달처럼 둥글고 맑았으며, 자태가 깨끗한 일류신사의 풍모에다 늘 쾌활·겸허했는데 아마 혁명가로서의 내색을 숨기느라 더욱 깔끔하게 행동을 다듬은 것이 아닌지…. (시인 신석초)

육사는 1930년 첫 시 「말(馬)」을 《조선일보》에 발표한다. 1월 3일자에 실린 10행의 짧은 시에서 그는 '채찍에 지친 말'이지만 새해에는 힘차게 소리칠 것을 다짐하고 있다.

이 시를 발표한 후 《중외일보》 대구지국에서 기자 생활을 시작한 육사는 1931년 8월 《조선일보》 대구지국으로 자리를 옮긴다. 1930년 대구 시내에 항일 격문을 뿌린 대구 격문사건에 연루되어 검속되었다가 출옥한 직후 독립운동을 위해 중국에 드나들던 시기였다.

당시 신문사 지국은 지방 취재본부의 역할을 겸했다. 지국 기자는 본사로부터 제대로 급여를 받지는 못했지만 능력을 인정받을 경우 본사 기자로 특채되기도 했다.

이육사가 대구지국 기자로 《조선일보》 지면에 쓴 첫 기명 기사는 「대구의 자랑 약령시(藥令市)의 유래」이다. 1932년 1월 14일부터 네 차례에 걸쳐 쓴 이 기사에서 그는 '육사생'이라는 필명을 사용했다. 그는 스포츠 기사를 통해 민족의식을 고취하기도 했다. 1932년 3월 6일과 9일자 스포츠난에 2회에 걸쳐 「대구 '장' 연구회 창립 보고서」라는 기사를 썼다. 이때는 '이활'이라는 필명을 사용했다. 그는 '오랫동안 우리 조상으로부터 그들의 자손인 우리들에게 전하여온 국기(國技)'인 '장'을 소개하면서 "경기에 계산하는 용어까지도 순조선말로 한다"며 "세계의 농민대중에게 보급시키라"고 주문했다.

이육사가 다시 《조선일보》 기자가 된 것은 1934년 무렵이다. 그는

《조선일보》사회부장 이상호의 배려로《조선일보》대구특파원에 임명됐으나 부임 도중 일경에 검거되었다.

이육사는《조선일보》에 꾸준히 글을 썼다. 그의 글은 1930년대 후반부터 폐간 직전인 1940년까지《조선일보》지면에 발표됐다. 5회에 걸쳐 쓴「노신 추도문」을 비롯해「문외한의 수첩」,「황엽잔」,「전조기」,「계절의 오행」등의 수필과 평론「자기 심화의 길: 곤강의 만기를 읽고」, 시「광인의 태양」등이다.

이즈음 그는《조광》,《문장》,《인문평론》,《비판》,《청색지》,《춘추》등에 작품을 발표하는데, 유작으로 발표된「광야」는 그의 절정의 대표작으로 꼽히고 있다.《조선일보》가 폐간된 후인 1942년에는《조광》1월호에 수필「계절의 표정」을 발표한다.

이후 육사는 중국에서 활동했다. 1943년 그는 베이징 중산공원에서《매일신보》베이징 특파원 백철을 만난다. 백철은《조선일보》학예부 기자를 하고 있던 이육사의 동생 이원조와도 가까웠다. 그때 이육사는 기름을 발라 올백으로 멋지게 빗어 넘긴 머리를 하고 빨간 넥타이를 매고 있었지만 무언가에 쫓기는 듯 불안한 표정이었다고 한다.

1년 후 백철은 일제 경찰로부터 이육사의 행적에 대해 심문을 받았다. 경찰은 일본어로 번역된 이육사의 시집『청포도』를 내놓으며 "이육사는 철저한 민족주의자가 아니오?"라면서 시집의 한 구절을 들어 "여기서 기다리는 귀인이 누구냐?"라고 물었다.

1943년 초 육사는 다시 베이징으로 갔다가 4월에 고향으로 내려가 제사를 지낸 후 서울 명륜동 집에 들이닥친 동대문경찰서 고등계 형사들에 의해 체포되어 베이징으로 압송된다.

1943년 정초 저를 찾아와서는 "우리 답사하러 가세" 하길래 "이 사람아. 이렇게 추운 눈 속에 답사는 무슨 답사야" 하고 대답하니까 중국에서는 바로 이때 답사를 한다면서 청량리 임업시험장으로 저를 데리고 나갔지요. 그러면서 베이징으로 함께 가자고 하길래 저도 늘 동경하던 곳이라 가고 싶었으나 아버지가 병환이 위급하니 사정상 못 가겠다고 하고 "자네도 전쟁으로 시끄러워질 테니까 그만두는 것이 어떤가"라고 말했으나, 육사는 불가불 가야겠다고 나선 것이지요. 그때 이미 무슨 사명을 띤 듯했고, 제가 시골 갔다가 상경했을 때 육사가 별안간 베이징에서 귀국하여 만나 "잘됐다. 다시 모이자"고 약속했으나 그날 밤 나오지 않았어요. 베이징으로 붙들려간 것이지요. (시인 신석초)

동대문경찰서에 가니 베이징에서 세 사람이 그분을 데리러 왔더군요. 세 살 난 옥비를 업고 용산역에 따라 나갔는데 그때가 6월이었어요. 아기가 더워할 테니 빨리 가라면서 "2년 안에 돌아올 테니 걱정 마라. 아이를 잘 키우라"는 말씀을 남기고 가버리셨지요. (부인 안일양 씨)

육사는 1944년 1월 16일 베이징에서 41세를 일기로 옥사한 지 15일 후 그 유해가 돌아와 지금 그는 유서 깊은 전설들이 주저리주저리 열린 고향 땅에 항일의 큰 전설을 더하며 원촌 뒷산에 안장돼 있다.

시동생들이 그분의 유해를 모시고 와 제가 고향 땅에 안장하자고 해서 장례를 치렀지요. 일제 경찰이 포위를 하여 서울서 여운형, 임화 등 30여 명 조객들이 왔으나 그저 먼발치에서 바라볼 수밖에 없었지요. 그렇게 가셨습니다. (부인 안일영 씨)

장조카 동영 씨는 해방 후 형무소와 경찰서를 쫓아다니며 아버지 대의 행적을 찾으려 애썼으나 문적이 모두 없어진 것을 '3대의 한'이라고 했다. 독립운동을 하다 육사의 형 원기가 별세했을 때의 애감록(哀感錄)에는 당시 800여 명의 한국인 명사가 모두 문상의 방명을 남겨 슬퍼하고 있었다. 국문학을 전공하는 동영 씨는 어려서 육사에게 종아리를 맞아가면서 배운 시조 100수 중 지금도 60수는 외울 수 있다고 감회에 젖었다.

10년 전 제가 고교에서 교편을 잡고 있었을 때 육사시비건립 승낙서를 돌려 조지훈, 신석초 선생과 임원을 구성하여 지난 1968년 5월 5일 안동 고향 땅에 제막했지요. 1964년 정음사에서 육사 시집을 내자고 하여 1000부를 찍어냈으나 그 후 14편의 유고가 새로 발견되어 다시 넣어 새로 반포했지요. (장조카 동영 씨)

다음은 시인 신석초가 본 육사 이활 글을 옮긴 것이다.

육사와의 교우는 10년 내외이나 날마다 만나다시피 했던 죽마지우였다. 내가 문단에 나선 것도 실상 육사 때문이니 1930년대 초 도쿄에서 귀국하던 때 나는 시를 썼으나 발표하지 않고 있던 것을 육사가 억지로 빼앗다시피 하여 실어주었다. 그 후 1938년에는 그분의 부친 회갑 기념으로 경주 여행을 함께 했고 2년 후에는 내 부친의 회갑 기념으로 역시 부여 여행을 함께 했다.

깔끔한 신사의 풍모에다 늘 행동을 자중해온 육사는 항일 민족지하운동을 벌이면서도 평소 친구에게 그런 기미를 일절 내비치지 않았다. 그처럼 무겁고 깊은 혁명가로서의 뜻을 지녔으면서도 좀처럼 드러내지 않아 친구들은 그 뜻을 짐작은 하면서도 제대로 간파하기가 어려웠다.

시작에 있어서도 그의 후기 작품 「광야」, 「꽃」에 이르면 당시 어느 시에 못지않으리만큼 빼어난 감성을 표출하고 있다.

그가 돌아간 지 20년이 더 지난 1968년 그의 시비를 제막하러 안동 땅에 가보니 육사에 대한 추모도가 얼마나 큰 것인가를 새삼 실감하게 되었다. 그때 나는 별세한 조지훈 씨를 이어 육사시비건립위원장을 맡았는데 벌써 대구에서부터 이곳 유지, 문단 인사들이 우리를 성대히 영접했다. 민족을 지킨 항일 순국시인 육사의 오늘은 이처럼 날이 갈수록 더욱 빛나고 있다.

19

장준하

《사상계》 창간으로 문화 발전을 선도한 독립투사

장준하(張俊河)는 일제 말 학병으로 끌려갔다가 탈출하여 광복군이
된 독립투사이다. 그는 잡지 《사상계(思想界)》 발행으로 문화 발전과 민
권 쟁취의 선도자가 되는가 하면, 박정희의 유신독재와 맨몸으로 맞서
싸웠다. 옥처럼 맑고 티 없는 귀공자 타입의 전형적인 백면서생으로 보
이는 그가 어떻게 그다지도 대조되는 '투사의 삶'을 살게 되었는지가
궁금하다.

장준하는 1918년 8월 27일 평북 의주군 고정면 연하동에서 기독
교 목사인 장석인(張錫仁)과 김경문(金京文) 사이에 4남 1녀 중 맏아들
로 태어났다. 부친은 이듬해 3·1운동에 참여하며, 일제의 핍박을 피
해 1920년에 평북 삭주군 청계동의 심산유곡으로 이사한다. 장준하는
1933년 대관보통학교를 졸업하고 평양 숭실중학에 입학하며, 이듬해
부친이 선천 신성학교 교목으로 부임함에 따라 이 학교로 진학한다.

이즈음의 장준하는 이웃 대목산 산정을 일요일마다 뛰어오르고, 많은 독립투사 자제들과 아울러 검산성의 임경업 장군의 기개를 숭모하면서 청운의 뜻을 길렀다고 어린 시절의 친구 김용묵 씨는 회고했다.

또한 대운동회 때는 '여자가 없다면'이란 가장행렬을 구상해서 연출하기, 수학여행 때는 금강산 코스 세우기, 때로는 일본 교과서 찢기 데모 등 기상천외한 활동을 펼쳤으니, 거의 그의 발상이고 필자는 조언·협조자로서 뒤치다꺼리에 바빴다. (「나의 친구 장준하의 어린 시절」, 『광복 50주년과 장준하』)

1941년 장준하는 일본 동양대학 철학과에 입학했다가 이듬해 일본 신학교로 전학하여 신학을 전공하게 된다. 당시 대학 동창 박봉랑 전 한신대학교 교수의 회고이다.

장준하 형을 만난 것은 이러한 신학도의 공동체 생활 속에서였다. 그때도 얼굴은 희고 안경을 쓰고 있었다. 그는 내가 다닌 숭실중학교의 기숙사에서 사감 선생으로 수고하시던 장석인 목사님의 자제라는 것이었다. 나는 개인적으로는 장 목사님을 잘 몰랐지만 목사님께서 그때에 학생들에게 존경을 받고 계셨기 때문에 적어도 그 이름은 잘 알고 그의 인격을 존경하고 있었던 것이다. … 그 후 도쿄 숭덕교회에서 주일학교 일을 같이 맡아 했다. 장 형과 나는 매주 아침 일찍이 전철로 30분 정도 걸리는 시나가와구에 가서 교포 애들을 데리고 와서 가르치고, 또 애들의 손목을 잡고 데려다주는 그런 일을 얼마 동안 계속했다. 아마도 이런 극성스런 생각은 장 형의 머리에서 왔던 것 같다. 일이 되기 위해서는 그렇게 해야 된다는 것이었다. (《씨울의 소리》, 1976년 8월)

장준하는 1943년 11월 학도병 입대를 앞두고 김준덕과 노선삼의 맏딸 김희숙과 결혼한다. 친구 김용묵 씨는 당시 결혼의 사연을 이렇게 전했다.

그는 몹시 침통한 표정으로 자신의 감정을 솔직하게 털어놨다. 그것은 고향에 있는 제자이며 귀여운 로자(부인 희숙의 천주교명)의 신변 문제였다. 정주에서 필자와 같이 지낸 하숙집 주인 비리스타 아주머니는 경건한 신도로 존경받는 신앙인이었다. 그러나 그 부군이 망명함으로써 가세는 쇄락했고 일본 경찰의 마수는 선천 보성여고를 중퇴한 소녀 로자를 정신대 아니면 공장으로 가라고 재촉하던 시기였다.
"귀엽고 불쌍한 로자를 맡아 안정시켜놓고 출정할 것이다"라고 고백하는 그의 의지는 확고해서 니는 친지로서 애타는 입술을 깨물기만 했다. 그의 의리와 담력을 잘 아는 나로서는 결국 "장한 결의요"라며 손을 잡았다. (「나의 친구 장준하의 어린 시절」)

이듬해 1월 그는 평양 일본군에 입대하여 중국 서주에 주둔한 쓰가다 부대에 배속된다. 7월에 4명의 동지와 함께 목숨을 건 탈출을 감행한다. 8월에 광복군 징모처가 있는 안휘성 임천에 도착, 중국군관학교 한국광복군 훈련반에 입소하여 군사교육을 받는다. 여기서 김준엽, 윤재현과 함께 《등불》 1, 2호를 발간, 나중에 발행하는 《사상계》의 워밍업 작업이 된 셈이다.

1945년 1월 장준하 일행은 험준한 파촉령을 넘어 대한민국 임시정부가 있는 충칭에 도착하여 대대적인 환영을 받는다. 이들은 광복군에 편입되면서 소위로 임관된다. 이어 OSS(미군전략첩보대) 특수훈련을 받기 위해 서안으로 가서 광복군 제2지대에 배속되는 한편 중위로 진급한다. 3개월간의 훈련을 마치고 8월 4일 국내에 진입하려고 대기 중 일제의 무조건 항복으로 국내 진공이 좌절된다. 8월 18일 장준하는 이범석 장군을 따라 김준엽, 노능서와 함께 미군기를 타고 여의도 비행장까지 왔으나 일본군의 제지를 받고 중국으로 돌아가야 했다.

바로 30년 전의 오늘 새벽 5시에 서안 비행장을 떠나 7시간 만의 비행 끝에 몽매에도 그리던 여의도 비행장에 착륙했고, 그날 밤 반백발의 일본 시브자와 대좌가 무릎을 꿇고 약관의 우리에게 맥주를 권할 때 형은 방 한구석에서 성경을 읽고 있었지요. 이 승리의 술은 마시고 설사 죽는 한이 있더라도 마셔야 된다는 나의 말에 형은 고집을 꺾고 난생처음으로 입에 술을 대시지 않았습니까. 해방 후 해마다 이날을 기념하느라고 8월 18일이 되면 우리는 모여 앉아 그 감격의 날을 추억하는 자리에서 형은 반드시 나에게 큰절을 하고 술을 권하지 않았습니까?(「고 장준하 형의 영전에」, 김준엽 고려대학교 교수, 《동아일보》, 1975년 8월 19일)

장준하는 1945년 11월 김구 주석 등 임정 요인을 따라 미군기 편으로 귀국하며 김구 비서, 비상국무회의 서기 및 민주의원 비서 등을 역임한다. 이어 이범석이 이끄는 조선민족청년단에 참가하여 중앙훈련소 교무처장을 맡기도 한다.

해방 후 귀국하셔서는 참 바쁘신 나날을 보냈지요. 집 한 칸 없이 호텔방 임시 거처로 따라다니면서 정신없이 지냈지요. 백범 선생님이 사랑하셔서 차시던 금시계를 풀어 주셨는데 아랫사람이 결혼한다고 하자 보태 쓰라고 금방 내놨지요. 우리 결혼 때도 아무런 연회 없이 시아버지께서 주례를 서셨지요. (부인 희숙 씨)

1950년 문교부 국민정신계몽 담당관이 되며, 1952년 9월 국민사상 연구원(문교부 산하)의 지원으로 피난 수도 부산에서 월간지 《사상》을 발간하나 이해 12월까지 4호를 낸 후 재정난으로 중단된다. 당시 일을 함께 했던 서영훈 전 적십자 총재의 회고이다.

《사상》지의 산모요 보모인 장 선배는 참으로 놀라운 솜씨를 발휘했다. 그는 쉴 줄을 몰랐다. 항상 생각하고 계획하며 움직였고, 많은 사람들을 만나며 설득했다. 일을 위한 동지를 만들고 일을 위해 인간관계를 맺었다. 사람을 많이 만나도 한담을 하거나 잡담을 하는 일이 없었다. … 그는 일을 위해 태어난 사람이었다. 그러니 그는 항상 움직이고 항상 뛰어야 하며 항상 앞서가야 했다. 앉아서도 움직이고 눈을 감고도 움직였다. 그는 언제나 뚜렷한 목적과 목표를 가지고 길을 찾고 방법을 연구했으며, 계획을 짜고 조직적으로 움직였다. (『광복 50년과 장준하』)

서 씨의 회고에 의하면 《사상》지는 이승만 대통령의 신임이 가장 두터웠던 이기붕 씨의 부인 박마리아 여사의 음해로 폐간됐다는 것인데, 이런 보고를 받고서도 장준하는 조금도 화를 내거나 원망하지 않고 오히려 서 씨를 위로했다는 것이다.

1954년 4월 장준하는 드디어 본격적인 월간 종합지 《사상계》를 창간한다. 중국 망명지에서 만들던 《등불》과 《제단》, 그리고 《사상》지의 맥을 이은 것이었다. 장준하는 《사상계》를 통해 1950년대 말 자유당 독재정권의 부정과 부패를 공격하면서 민중의 깨우침에 앞장섰다. 1959년 2월호의 「무엇을 말하랴, 민권을 짓밟는 횡포를 보고」라는 백지 권두언은 독재정권의 아성에 날린 '압권적 발상'이었다. 1960년 4월 19일 학생과 교수, 그리고 깨어난 시민들의 힘으로 민주혁명을 이룩했다. 그때 《사상계》는 3판에 8만 부 발행이라는 최고 부수를 기록했다.

휴전 후 별로 읽을거리가 없던 당시 대학생들에게는 유명 지식인이 필진으로 망라된 《사상계》야말로 교과서 대용의 필독서였으며, 《사상계》의 기획도 이에 걸맞게 시대 사조를 선도하는 참신한 내용을 담아갔다.

이러한 기획을 이끈 장준하는 편집위원회에 중점을 두는 독특한 운영 방식으로 《사상계》를 키워갔다. 주로 저명한 교수들로 위촉한 편집위원의 수당이 전임강사의 월급 이상이었다니 파격적인 예우를 한 셈이다. 이들 중 역대 4명의 총리가 나오기도 했다. 《사상계》가 발간되던 종로 한청빌딩은 당시 연세대 백낙준 총장이 학교재단 건물을 쓰도록 도운 것인데, 지나다니던 지식인들의 사랑방 구실을 하는 명물로 짙게 기억되기도 한다. 동인문학상도 신설하여(1955년) 김성한, 선우휘, 오상원 등 작가들의 발굴로 문단 발전에 앞장서기도 한다.

1960년 장준하는 장면 정부의 국토건설단에 기획부장으로 참여, 지휘함으로써 국토건설 기반 조성사업에 진력한다. 그러나 1961년 군인들이 정권을 장악하자 장준하는 또다시 《사상계》를 앞세워 반독재 투쟁에 앞장선다. 박정희 정권과 첨예한 대치 중에 1962년 8월 필리핀

의 막사이사이 언론상을 받아 아시아의 민주 언론 지도자로 평가받게
된다.

한일수교와 베트남 파병을 에워싼 군사정권과 격렬하게 맞서온《사
상계》는 집중적이고도 가속화된 '고사작전'에 휘말리고, 장준하도《사
상계》를 떠나 맨몸으로 민주화 투쟁에 나서게 된다.

1965년 8월의 어느 날 언제나같이 작업이 한창 돌아가고 있었는데 시경
정보과 형사가 제본 작업장에 들어섰다. 그는 신분증을 제시하면서《사
상계》간지로 끼우게 될 광고지 4만여 매 중 5매만 달라는 것이었다. 그
것은 당시 시국에 대한 격문 광고물이었다. … 다음 날 아침 해당 기관에
서 밤새 압수영장을 발급받아 정식으로 압수해 간 것이다. 나는 허탈감
이 들었다. (『광복 50년과 장준하』, 문정제책 박종호 회장)

이처럼 공장에서의 제작 과정에서부터 압수작전을 쓰는가 하면, 서
점으로 하여금 책을 주문케 하지만 팔지는 못하게 하고 창고에 쌓아놓
게 했다가 월말에는 그 책을 전부 반품케 하는 교활한 고사작전도 썼
다. 자금 회전이 안 되고 부채와 고리는 늘어만 가니 당해낼 재간이 없
었다는 것이다. 1970년 5월《사상계》는 김지하의 담시 「5적」을 게재한
것을 문제 삼아 폐간된다.

한편 정계에 진출한 장준하는 1967년 초 야권의 힘을 결집시키기
위해 유진오, 백낙준, 이범석, 윤보선 등 4자회담을 주선하며, 그로써
형성된 단일 야당인 신민당에 참여하여 7대 국회의원 선거에서 '옥중
당선'된다. 당시 박순천, 함석헌 등이 찬조연사로 나서 동대문을은 전
국적인 관심을 끄는 선거구로, 압승을 거둔다.

저도 찬조연설을 하라고 해서 '꼭 뽑아달라'고 인사하고 내려와서 성당이랑 시장에 들렀더니 열기가 대단해요. 당선되고 나서 석방되셔서는 '고맙다'고 한마디 하시고는 그뿐이지요. 생활비는 통 내놓지 못하시니 동네 가게에 외상투성이고, 성당에서 염하는 봉사로 생계에 도움을 받기도 했으니까요. 한번은 이태영 여사와 법정 스님 등 손님 다섯 분이 오신다고 저녁 마련을 하라면서 "할 수 있겠소?" 그뿐이에요. 아무것도 없는데… 여기저기서 빚지고 살았지요. 동생들이 계를 들어서는 변통해주면서 '그 영감 어떻게 살아가시느냐'고 걱정도 해주었고, 언젠가는 이태영 여사께서 '김장 담갔느냐'고 물어 '잘 담갔다'고 하고 영감님께 그 말을 전했더니 '3만 원 받았는데 누가 사정이 딱해 줘버렸다'고 실토하시더라고요. 상봉동에 살 때는 김옥길 이화여대 총장께서 지게꾼을 시켜 밤중에 담 너머로 쌀가마니를 보내주신 것을 유신 때 정부 요인이 추궁했다니 참으로 한심한 시대를 산 셈이지요. (부인 희숙 씨)

1972년 남북공동성명이 발표되자 장준하는 이를 적극 지지하나, 10월 유신이 선포되자 민주수호국민협의회에 참가하여 유신체제에 항거한다. 이어 민주회복운동을 지속적으로 주도하여 함석헌, 백낙준, 유진오 등 재야 인사들과 민주회복을 위한 백만인 서명운동을 벌인다. 1975년 1월 대통령 긴급조치 1호 위반혐의로 구속된 장준하는 심장협심증과 간경화 증세가 악화되어 형집행정지로 출감된다.

이처럼 암울한 난세를 살아온 장준하는 1975년 8월 17일 경기도 포천군 약사봉 등산 도중 '의문의 실족'으로 사망, 경기도 파주군 광탄면 신산리 천주교 묘지에 안장된다.

박해당하는 모습을 죽 지켜보면서 자란 저로서는 아직 한을 지우지 못하고 삽니다. 집 없이 살면서 30번이나 이사했으니까요. 세무사찰 한번 받아도 기업이 거덜 난다는데 《사상계》는 세 번씩이나 받았으니… 밀수를 한 것도 아닌데. 1976년에는 제가 한밤중에 테러당해 턱뼈가 부러져 경희대의료원에 입원해 있다가 치료비가 밀려 야반도주해서 말레이시아로 도망갔다가 6년 전에야 귀국했지요. 지난 대선 때 박근혜 씨가 어머니를 찾아와 사과한 것은 다행이지만, 용서는 할 수 있어도 잊을 수는 없어요. (맏아들 호권 씨)

내가 본 장준하

장준하 형과 처음 만난 것은 1944년 7월 일본 군대를 막 탈출해서 내가 있던 유격대로 왔을 때였다. 나는 3월에 먼저 와 있었다. 우리 동지들은 낯선 중국 땅에서 조국 광복을 위해 몸 바치기로 하고, 무서운 훈련을 받아왔다. 그러나 결전의 순간, 일본의 무조건 항복으로 해방을 맞았다.

그러나 우리를 기다리는 조국은 혼란과 분단의 조국이었다. 장준하 형이 선택한 것은 이 혼란 속에서 민주주의를 바로 세우는 것, 그리고 분단된 조국을 통일하는 것이었다. 《사상계》 발행이나 직접 정치에 나선 것도 이런 목표를 실현하기 위해서였을 것이다. 이를 위해 그분은 자신의 모든 것을 버리면서 온몸으로 자신을 불살랐던 것이다. 투철한 민족자주정신과 기독교적 순교정신으로 이 나라, 이 민족을 위해 조국의 제단에 자신의 삶을 바쳤던 것이라고 생각한다.

김준엽(전 고려대학교 총장)

박경리

26년간의『토지』집필로 보여준 치열한 작가정신

박경리(朴景利)는 26년간에 걸친 생애를 건 치열한 집필로 민족의 대
서사시『토지』를 완성한 휴머니스트 국민작가로 추앙받는 인물이다.
1969년 집필을 시작해서 1994년에 완성한『토지』는 개인적 비극의 묘
사로부터 출발한 박경리 문학이 그 이전의 장편소설(『김약국의 딸들』,『파
시』,『시장과 전쟁』)에서 개인과 사회와 민족 비극의 형상화로 확대했다가
그 모두를 수렴·종합해 이룩한 기념비적인 작품이라고 할 수 있다.

한 작가가 40대에 쓰기 시작하여 60대 후반에 완성을 보게 된 이 작품
은 문자 그대로 '필생의 역작'이라는 이름에 값하는 작품이다. 20년이라
는 세월 동안 5부 16권의 대작을 완성한 작가의 집념은 우리 역사상 그
유례를 찾아볼 수 없는 치열한 작가정신의 표현이고, 전권이 독자로부터
큰 호응을 받은 것은 우리의 독서 풍토에 새로운 기록을 세웠으며, 무엇

보다도 집필기간이나 작품의 길이에도 불구하고 끝없는 인물 유형의 창조와 새로운 긴장의 유지는 우리 소설의 문학적 승리로 표현해도 지나치지 않다. (「광복 50년 한국을 바꾼 100인」, 김치수, 《월간중앙》 1995년 신년호 별책)

박경리의 『토지』는 광복 이후 한국 문학이 거둔 최대의 수확으로 평가받고 있다. 『토지』에 등장하는 인물만 800여 명. 원고지 3만 1200매라는 기록은 아직 깨지지 않고 있다. 1971년 유방암 수술을 받고 붕대로 수술자리를 동여매고도 박경리는 집필을 멈추지 않는다.

지금도 잊지 못하는 기억은 오래전 어느 연말 송년의 어수선함 속에서 고적했던 밤의 통곡이다. 마음 바닥으로부터 치밀어 오르는, 마치 창자가 끊어질 듯 통곡하시던 그 음산한 밤을 나는 잊지 못한다. 그 무렵 어머니는 작가로서 별처럼 반짝이며 떠오르고 있었고, 그것이 질시의 표적이 되었던 것으로 기억하는데, 말로 표현하기 어려운 험한 말을 들었던 것이다. … 지금 생각해보면 그 상처, 아픔들이 어머니의 스승이었다. 마치 부서져버릴 듯 통곡하시고 난 다음 어머니는 단정하게 앉아 모질게 원고지 앞에서 펜을 들고 계시곤 했다. (『곁에서 본 토지』, 딸 김영주)

『토지』는 우리 문학에 대하소설의 물꼬를 튼다. 홍성원의 『남과 북』, 황석영의 『장길산』, 김주영의 『객주』, 김원일의 『불의 제전』, 박완서의 『미망』 등이 꼬리를 잇는다.

『토지』야말로 우리 문학에서 대표적으로 볼 수 있는 '총체소설(total roman)'로서 농민과 중인을 중심으로 양반으로부터 노비에 이르기까지의 사회 모든 계급을 망라한 우리 인구 전체의 삶의 모습을 재구성했으며, 별의별 갖가지 인물들과 성격들을 재현하고 창조함으로써 인간사의 모든 것을 모아들여 또 하나의 거대한 실존적 세계를 만들어냈다는 것… 언어가 창조할 수 있는 삶의 세계의 실제를 파노라마적으로 전시했다는 소설의 거대성을 나는 평가하고 있는 것이다. 《현대문학》, 김병익, 2008년 6월)

박경리는 1926년 10월 28일(음력) 경남 통영시 문화동 328번지에서 박수영(朴壽永)과 김용수(金龍守) 사이에 맏딸로 태어났다. 박경리의 부친은 낭만적이고 예술가적 기질을 지녔으며, 모친은 실질 검박하고 생활력이 강했던 듯하다.

박경리는 1941년 통영초등학교를 졸업한다. 초등학교 시절 유난히 책 읽기를 좋아하여 책상 밑에 소설책을 숨겨놓고 읽었다. 소박맞은 모친이 바느질 등을 하여 근근이 생계를 이어갔지만 언제나 당당하고 궁색한 법이 없었다고 한다.

초등학교 때 수업료 때문에 몇 번씩 집에 쫓겨가야 했던 일은 오랫동안 잊히지 않는 부끄러움이겠습니다만 우연히 장롱 속에서 수업료의 천 배가 넘는 백 원짜리 지폐들을 접어서 넣은 전대를 발견하였을 때의 슬픔. 돈을 보았노라 했을 때 나를 보던 어머니의 험악한 눈은 타인의 눈이었습니다. (수필 「십이년 만에」)

초등학교를 졸업한 박경리는 1941년에 진주고등여학교에 입학한다. 이즈음 일본 소설과 시, 일본어로 된 서양 소설 등을 책방에서 쫓겨날 때까지 읽는다.

박경리는 진주고녀를 졸업한 이듬해인 1946년 경남 통영군 지석리에서 김행도(金幸道)와 결혼하며, 1948년에 남편이 인천 전매국에 취직하여 인천 금고동으로 이사한다. 박경리는 이때 책방을 운영하면서 단란한 시간을 보낸다.

인천으로 이사한 뒤 조그마한 책방을 냈어요. 그때 책을 헐값에 많이 사들였지요. 책을 근으로 달아서 사는 것이 당시에는 즐거움의 하나였는데, 온갖 종류의 책이 묻어 들어왔지요. 나는 여고 시절 공부도 신통치 않았던 터라 눈에 보이지 않는 평범한 학생이었지만, 사학만큼은 잘했어요. 인천 시절의 책 읽기에서 차츰 역사의식을 깨치게 되었지요. (인터뷰 「삶에의 연민, 한의 미학」)

박경리는 1948년에 서울 흑석동으로 이주하며, 1950년에 황해도 연안여중의 교사가 되었다가 6개월 만에 전쟁으로 인해 집으로 돌아온다. 남편은 부역 혐의로 서대문형무소에 수감되며, 6·25전쟁 중 남편과 사별하고 고향 통영으로 내려가 수예점을 하면서 생활한다.

박경리는 1954년 1월부터 이듬해 2월까지 한국상업은행(현 우리은행) 서울 용산지점에 근무하면서 습작을 한다. 1954년 6월에 한국상업은행 사보인 《천일》 9호에 박금이라는 본명으로 16연 150행의 장시 「바다와 하늘」을 발표한다. 퇴사 후인 1955년 10월에 발간된 《천일》 11호에도 소설 「전생록」을 게재한다.

이즈음 박경리는 고향 친구가 세 들어 살던 김동리 집에 찾아가 글솜씨를 인정받는다. 학생 시절에 썼던 단편 「불안시대」를 김동리의 지도로 몇 차례 고쳐 쓴다. 이 작품은 박경리도 모르는 사이 박경리라는 필명의 '계산'이라는 제목으로 1955년 8월《현대문학》에 게재된다. 김동리의 추천이었다. 이후 박경리라는 필명을 사용하며, 이듬해 8월에는 단편소설「흑흑백백(黑黑白白)」이 2회 추천을 받아 문단에 등단하여 본격적인 문학 활동을 시작한다. 이때부터 한국상업은행을 그만두고 돈암동에 조그마한 식료품점을 열고 창작에 몰입한다.

1956년 아들 김철수가 사고로 병원 치료 중 숨진다. 이 일을 소재로 한 자전적 단편소설「불신시대」로 1957년에 제3회《현대문학》신인문학상을 받는다.

이듬해 첫 장편소설『애가』를 《민주신보》에 연재하는 것을 시작으로 장편소설 창작에 몰입한다. 1959년에 장편『표류도』를 발표하여 제3회 현대문학상을 수상하며, 1960년에는 장편『성녀와 마녀』를 《여원》에 연재한다. 1962년에는 전작 장편『김약국의 딸들』을 을유문화사에서 간행하며, 1964년에는 장편『파시』를 《동아일보》에 연재하고, 현암사에서 간행한다. 이듬해 전쟁 시기 자신의 이야기를 담은 장편『시장과 전장』을 발표하며, 이 작품으로 제2회 한국여류문학상을 받는다. 1966년에는 그동안 틈틈이 발표해왔던 글들을 모아 수필집『Q씨에게』,『기다리는 불안』을 간행한다.

『김약국의 딸들』은 솔직히 말해 통영의 떠도는 얘기를 모아서 재편집했다. 이렇게 볼 수 있고, 작가의 입장에서는 나를 거기에다 투영한다기보다는 철저하게 객관성을 유지한 것이『김약국의 딸들』이라고 저는 보고 있는데, 그런데 앞의 단편들이 모두 다『김약국의 딸들』에도 들어가고,『시장과 전장』에도 들어가고… 이런 것처럼『시장과 전장』과『김약국의 딸들』 이것을 종합한 것이 『토지』예요. 토속적인 거, 근대적인 거… 이런 게, 그러니까 솔직히 말해서 내 자신이 겪었던 일은 초기의 단편 몇 편 그 거지. (인터뷰 '사회학자 송호근의 작가 박경리론')

박경리는 1968년 중편소설 「약으로도 못 고치는 병」을 《월간문학》 창간호(11월호)에 발표한다. 이 소설은 강청댁과 용이, 월선이의 삼각관계를 그린 것으로, 뒷날 『토지』에 나올 사건들의 편영을 보여준다. 이듬해 9월부터 대하소설 『토지』 1부를 《현대문학》에 연재하기 시작한다 (1969년 9월~1972년 9월). 그러나 1971년 8월 유방암 수술을 받고, 보름 만에 퇴원한 그날부터 가슴에 붕대를 감은 채 『토지』 원고를 다시 쓰기 시작하여 1부의 연재를 마친다.

1972년 10월 《문학사상》 창간호부터 『토지』 2부를 연재하기 시작한다(1972년 10월~1975년 10월). 이해에 『토지』 1부로 월탄문학상을 받는다. 이듬해 딸 김영주가 시인 김지하와 결혼하며, 『토지』 1부를 삼성출판사에서 간행한다.

당시 유신체제하에서 긴급조치가 내려 정릉 집으로 김국태 씨 등 문인들이 김지하 씨를 데려왔어요. 잡히면 고문당해 죽을 것이라면서 숨겨달라고 했어요. 어머니는 처음에는 반대했어요. 미망인과 처녀 단둘이 사는 집에 어떻게 외간 남자를 들일 수 있었겠어요. 그래 언덕 밑까지 바래다줬는데… 택시를 타는 모습이 외등 밑에 보이는 것이에요. 순간 쫓기는 몸이 참 불쌍해서 숨겨주게 되었지요. 그러다가 청혼도 결국 받아들이게 된 것인데 인간적 연민에서라고 할까. 제 팔자이자 운명이지요. 제가 태어날 때 조부께서 복덩이라고 하셨다는데 제복의 절반만 나눠주

자. 그렇게 살고 있는 것이지요. 그분은 참 똑똑하고 제 할 일은 잘 하고 있다고 생각합니다. (김영주 씨)

1973년 여름 박경리는 『토지』의 서평 취재를 위해 정릉 집으로 찾아온 《동아일보》 문화부 기자와의 면담을 두 차례나 사절하는 '무례'를 범한다. 당사자였던 김병익 기자가 박경리에의 헌사에서 사연을 밝히고 있다.

여러 달 후 우리는 함께 식사를 하며 여러 이야기들을 편하게 나눌 수 있었다. 그때 박 선생은 내 면전이어서 그랬겠지만, 『토지』에 대한 여러 글들 중에 내 서평이 가장 마음에 든다고 했다. 그리고 말했다. "그때 김 선생을 맞아들이지 않은 것은 가장 영향력이 큰 신문사에서 오신 때문이었지요. 내가 여기서 약해지면, 그래서 여기서 무너지면 회복하기 어렵다고. 그러니 절대 안 된다고. 모진 각오로 인정이며 예의를 버려가며 자신을 달구었던 것이지요." 한쪽 가슴을 암으로 잘라내면서까지 집필을 계속하며 혼신을 다해 창작의 의지를 달궈온 그에게서 한 치라도 매스컴의 환호에 오염되지 않으려는 완강하면서도 고결한 정신을 나는 그때 또렷이 보았다. (《현대문학》 2008년 6월호)

1977년 『토지』 3부는 순문예지를 떠나 성격이 전혀 다른 두 잡지 《주부생활》과 《독서생활》에 동시에 연재되다가, 다시 《한국문학》으로 옮겨 연재된다(1977년 1월~1779년 12월). 1979년에는 『박경리문학전집』(전 16권)이 지식산업사에서 간행된다. 이해 11월부터 1980년 8월까지 〈토지〉 1~3부가 KBS에 처음으로 드라마로 방영된다. 1980년 서울 정릉 집을 떠나 원주시 단구동 742번지로 이사한다. 남편이 옥에 갇히고 혼자 마음고생하고 있는 딸에게 의지가 될까 싶어 짐을 싼 것이다.

1981년 『토지』 4부는 《마당》에 연재되다가 중단했고(1981년 9월~1982년 7월), 다시 1983년 7월에는 《정경문화》로 옮겨 연재하다 다시 중단된다(1983년 7월~12월). 이해에 『토지』 1부가 일본어판으로 번역, 출간된다. 1984년 3월부터 9월까지 《중앙일보》에 연재한 「박경리시평」을 묶어 이듬해 『박경리의 원주통신: 꿈꾸는 자가 창조한다』(지식산업사)를 간행한다. 1987년에는 충무시 문학상을 받는다.

1987년 8월 연재가 중단되었던 『토지』 4부를 《월간경향》에 연재하다 다시 중단된다. 이듬해 『토지』 1~4부를 삼성출판사에서 간행한다. 1992년 9월 1일 《문화일보》에 『토지』 5부가 연재된다. 1994년 8월 15일 집필 26년 만에 『토지』를 탈고하고 8월 30일, 만 2년 만에 《문화일보》 연재가 끝난다. 이어 전 5부 16권으로 첫 완간본 『토지』가 솔출판사에서 출간된다. 그사이 『토지』 1부가 영어·프랑스어·독일어판으로 출간되며, 2002년에는 21권으로 된 완간본 『토지』(나남출판사)가 나온다.

1996년에 토지문화재단을 창립하고 박경리가 이사장에 취임한다. 그 후 토지문학관을 개관하고, 문화예술인의 창작을 지원하기 위한 창작실을 만들어 운영하고 있다. 현재 외동딸 김영주 씨가 관장직을 맡아, 세계 문학인을 대상으로 한 박경리문학상을 제정하는 등 모친의 유업을 기리고 있다.

박경리는 2008년 5월 5일 서울 풍납동 아산중앙병원에서 별세하며, 경남 통영시 산양읍 미륵산 기슭에 안장된다.

KI신서 11753

한류의 뿌리

1판 1쇄 인쇄 2024년 2월 5일
1판 1쇄 발행 2024년 3월 11일

지은이 김덕형
펴낸이 김영곤
펴낸곳 ㈜북이십일 21세기북스

인문기획팀장 양으녕 **책임편집** 노재은
디자인 푸른나무디자인
출판마케팅영업본부장 한충희
출판영업팀 최명열 김다운 김도연 권채영
마케팅2팀 나은경 정유진 박보미 백다희 이민재
제작팀 이영민 권경민

출판등록 2000년 5월 6일 제406-2003-061호
주소 (10881) 경기도 파주시 회동길 201(문발동)
대표전화 031-955-2100 **팩스** 031-955-2151 **이메일** book21@book21.co.kr

ⓒ 김덕형, 2024
ISBN 979-11-7117-441-6 03900